はじめに

人間の子どもは未成熟で生まれてきます。
ですから、脳は、できるだけ早く一人でも生きのびられるように
必要なことは一生懸命覚えて！
と子どもにいってくるのではないかと思うのです。
そのくらい、小さな子どもを見ていると、なんて賢いんだろ！
と思うのです。
よく見て、よく覚え、よく考えています。
知らないことを知ると、目が輝きます。

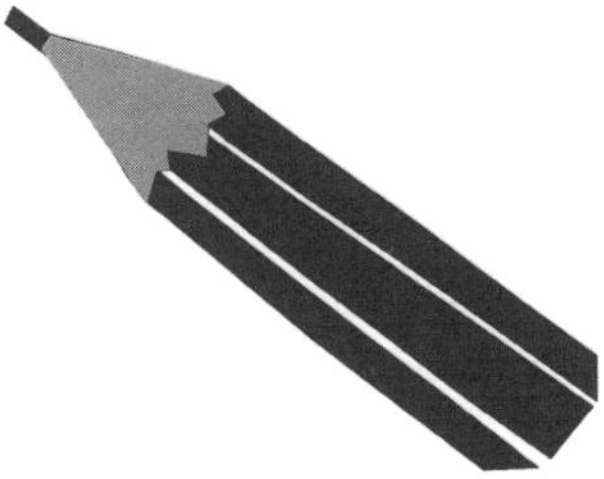

知ることは、子どもにとっては楽しい遊びです。
ですから、本当はこの本のタイトル「子どもを本嫌いにしない本」は
正確ではありません。
だって、本が嫌いな子どもなんて、いないんですから——。
でも、誰だって好きじゃない本ばっかり読まされれば
本が嫌いになるでしょう?
だからこの本の正確なタイトルは
「ずっと、本を好きでいてもらうために」なのです。
そうしてそのコツは、そんなに難しくありません。
案外簡単なこと……なのです。

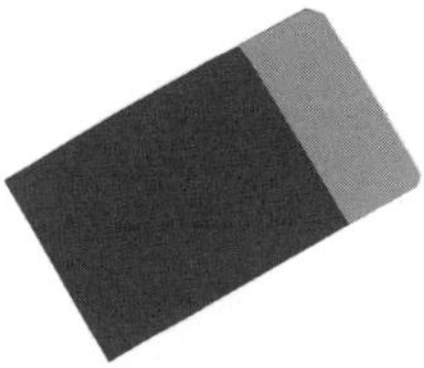

第2章 小学生の子どもたちへ

第3章 ティーンエイジャーになったら

第4章

本を使える人にするために

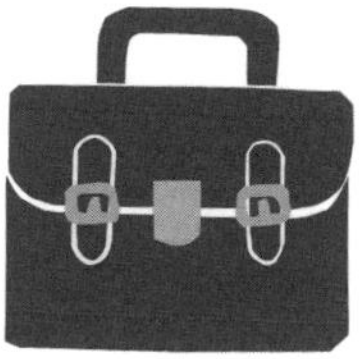

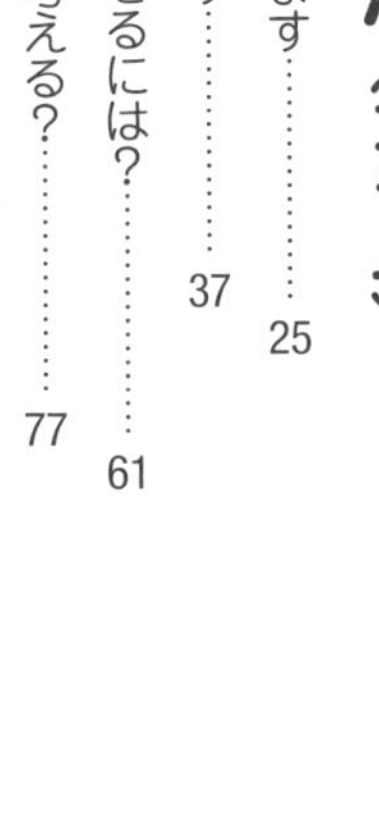
エッチ

イラスト：tupera tupera
デザイン：植田マナミ

第1章 赤ちゃんから小学生になるまで

人間の子どもは、
見たい！ 聞きたい！ 知りたい！
と思って生まれてきます。
愛されたい、抱きしめられたい、と
思うのと同じように〝知的好奇心〟も
満たされると幸福に感じます。
なぜ子どもに本を読んでやるのか…。
それは、そうすると子どもたちが
幸福になるからです。

赤ちゃんが生まれる前に

赤ちゃんが生まれる前に、近くの公共図書館にいってみてください。道順や行き方を覚え、車を使うのなら、駐車場があるかないか、ベビーカーの置き場所や、貸してくれるベビーカーがあるかどうか、ベビーベッドや授乳室があるか、赤ちゃん用の本はどこにあるか、赤ちゃんの病気の本や育児の本はどこで、何があるのか…。
最後に貸出カードを作り、1回に何冊借りられるのか、何日借りられるのか、使いかたを聞いておきます。

赤ちゃんが外に出て、一番先に行くところの一つが、公共図書館の児童室の赤ちゃんコーナーです。赤ちゃんは、小学校に上がる前までの6年間に、多い子なら1万冊、少ない子でも2千冊くらいは平気で読んでしまいます（ホントですよ)。そんなに買ってやれないし、第一置くところがありません。図書館は本を“借りられる”だけでなく“返せる”ありがたいところなのです。

病気の本や育児の本はもちろん、最初の1年間に使う赤ちゃん用の絵本はそろえてしまってもいいでしょう。

ただし、赤ちゃん用の絵本を読んで、あなたが面白いとはかぎらない…ということは、ご理解ください。
なぜかというと、あなたはもう赤ちゃんではないからです。

赤ちゃんが生まれたら

赤ちゃんは何でも聞いている

赤ちゃんはまわりにいる人を一生懸命見ます。耳をすまします。

そうして話せるようになる、かなり前からまわりのいうことは理解するようになります。たくさん聞いて〝**ことば**〟を覚えないと話せるようにはなりません。

まずは話しかけてください。

おっぱいを飲ませながら、抱っこしながら、遊びながら……。

話しかけられているうちに、赤ちゃんは日本語を覚えていきます。

そうしてある日突然！　話しだすのです！

いつから本を読んでやるの？

いったい、いつから本を読んでやればいいのでしょう？

とよく聞かれますが……。

赤ちゃんが本を見て、見たがったらいつからでもいいのです。

（そのためには、本がそばにあることが大事ですね）

人間の子どもはまわりで起きていることは知りたいのです。

自分が生まれてきた世界を理解したい！

自分が言われていることを理解したい！

そうして自分の感じていることを伝えたい！

わかってもらいたい！　のです。

赤ちゃんはある日いきなり知的になるのではなく

初めから知的なのです。

まずはイラストから

新しいおもちゃや遊びは、わくわくします。
きれいな色をみると楽しくなります。
もちろん、まだ文字は読めないし
長いお話はわかりません。
ですから、赤ちゃんの絵本は
イラスト、で作られます。
この『だるまさんが』のシリーズは
一枚一枚絵が違います。
早い子だと、もう3か月目くらいから
大喜びします。

だるまさんが
かがくいひろし作
ブロンズ新社

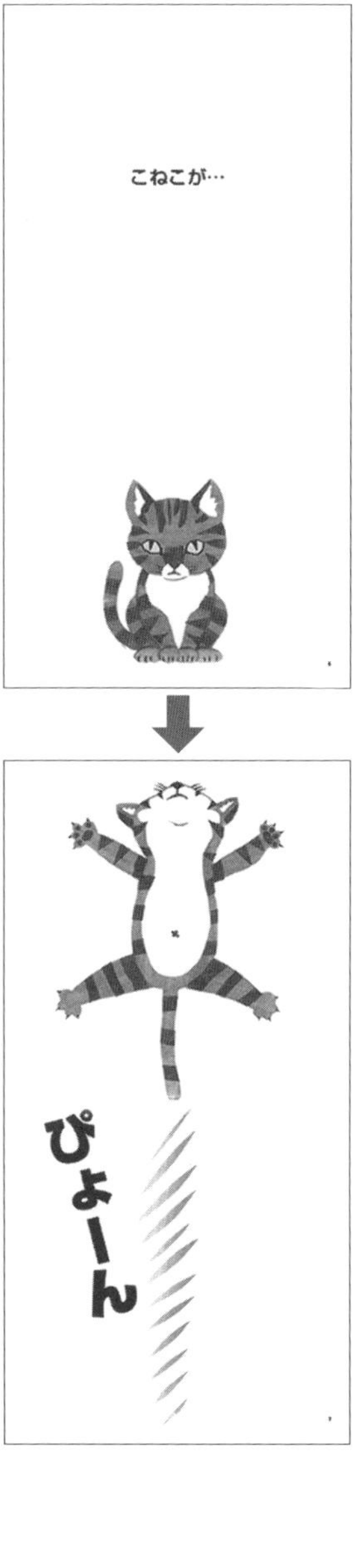

これは『かえるがぴょーん』。
1枚目の生き物が、2枚目に跳ねます。
これが楽しめるということは
2枚の絵が連動しているということが
もうわかっている、ということです。
これを喜ぶようになるのが、6か月か7か月くらいでしょうか。
赤ちゃんって、ほんとにかしこいですよね？

ぴょーん
まつおかたつひで作・絵
ポプラ社

猫が猫だとわかること

人間の子どもはとてつもなく賢い。
本物の猫を、**猫**だとわかっています！
ちょっと太ってても、痩せてても、茶色でも、しましまでも、
あれもこれも**猫**ということばの範囲に入っている
ということが理解できるのです。
そのうえ、紙の上に描かれた猫も、
「これも猫だ！」とわかるのです。
ということは、人間の子どもは1歳になる前に、もう抽象思考ができる
ということなのではないでしょうか？
そうして紙の上の猫も、猫だ！　といって喜べるのです。

本の〝システム〟を理解する

はじめて赤ちゃんに本を読んでやると、たいていの赤ちゃんは本は見ないで、読んでいる人の口を見ます。音がでてくるのは、そこだからです。

この人はなにをいっているのだろう？
という顔をします。

でも赤ちゃんは、あっというまに、この人は、この道具の同じところを開けると同じことをいうぞ！
という〝**本のシステム**〟を理解します。

なんて便利なんだ！

かくして味をしめた赤ちゃんは、気に入った本を何度でも持ってきてわくわくしながら、また魔法が起きるのをまちかまえるのです。

赤ちゃんを図書館に連れて行って

公共図書館は、赤ちゃんを連れて行っても嫌な顔をされない
（どちらかというと歓迎される……はず）
数少ない場所です。
連れていけるようになったら連れて行ってください。
赤ちゃんは図書館にくると「うわあ」という顔をして喜びます。
色とりどりの本やカーペットや、高い天井や広い空間は楽しいからです。
運がよければ同じ大きさの人にも出会えます。
赤ちゃんは大人に遊んでもらうのも大好きですが
ほかの赤ちゃんとも遊びたいのです。

赤ちゃんは自分が読みたい本を知っている

どんな本を借りたり読んだりすればいいんですか?
とよく聞かれますが、悩む必要はありません。
公共図書館の児童室には必ず「赤ちゃんコーナー」があり
赤ちゃん用の絵本がまとめておいてあります。
そこの本棚の前に赤ちゃんを連れて行って
「ほら」
と見せてください。
赤ちゃんはそこから好きな本を引っ張り出してくるでしょう。
本をどう使うかをもう知っていれば
読んで読んで、というでしょうから、読んでやればいいのです。
まだこんなに小さいんだから、選ぶのは無理でしょう?

というかたがいらっしゃいますが、そんなことはありません。
赤ちゃんははじめから自分の考えがあり、好みがあり
本を選ぶことができるのです。
「どれにする？」
ときけば、手を伸ばしたり、引っ張り出したりするものです。
そうして、とりあえず、図書館にある本で赤ちゃんが読んだらまずい本
というのはないはずです。
ですから、どれを選んでもいいのです。
あとは単純に、〝**好み**〟の問題。
どの本にするか、大人が悩む必要はありません。
どの本にすればいいのだろう、という悩みははじめから存在していないのです。
子どもに選んでもらえばいいだけですから。

全部読まなくてもいい

赤ちゃんの本は初めから終わりまで、きちんと読む必要はありません。好きなところを好きなように読めばいいのです。

あるとき、表紙のさくらんぼの絵がとてもお気に入りの赤ちゃんがいました。

お母さんが読んでやろうと表紙をめくると、当然さくらんぼはどこかにいってしまったので、彼はとても怒りました。

別に〝本を読む〟ことを教える必要はありません。

〝**本を読まなくても**〟ちっともかまいません。

〝**本を使って**〟その時間を楽しめばいいのです。

表紙をずっと見ていたいのなら、それでじゅうぶんです。

本の見かたはいろいろあっていいのです。

もう一度読んで〜がはじまったら（1歳半から3歳くらい）

言葉がわかるようになると

日常会話の日本語が、ほとんど聞いてわかるようになると、2枚の絵をつなげる、だけではなく、何枚かお話がつながっている絵本がわかるようになります。

赤ちゃん用の本を、初めから読んで、終わりまで**通して読む**ことができるようになります。読む本の内容もはばひろくなります。

恐怖の繰り返し読み

この時期の（大人にとっての）一番の問題は、同じ本を繰り返し何回も読まされることでしょう。大人は同じ本に飽きるからです。

ですが、問題なのは読まされる側にとって、であって子どもたちは全然**困っていません**。

もう知っている話なのに、なんでそんなに何度も聞きたがるの？と、お思いになるかもしれませんが

CDを買って一回しか聞かない人は、いないでしょう？

音楽というものはその曲を覚えて、歌えるようになってからが、また楽しいのですから。

子どもたちも、もう知っているお話を、次はこうなるんだよな、というのを楽しみに待っていて「ほらきた！」と楽しむのです。

ポンプで給油をするように

恐怖の繰り返し読みがはじまってしまったら、打つ手はありません。何回どころではなく、何十回も同じ本を読まされます。向こうが満足するまで、30回でも40回でも、読んでやるしかないのです。

精神的につらくなってきたら、

本を読んでいるのではなく、石油ストーブにポンプで灯油を入れていると思ってください。例の、あのシュコシュコシュコって、やつですよ。

慣れてくると、あと何回、シュコシュコしたらタンクが満タンになるなというのがわかるようになりますが、子どももあと何回読んでやったら満足するな、というのがわかるようになります。

途中でやめて、大泣きされるよりは最後まで読んでやったほうがマシ！こちらは疲れますが、子どもはいい状態になりますから。

赤ちゃんから3歳の子どもにおすすめの本

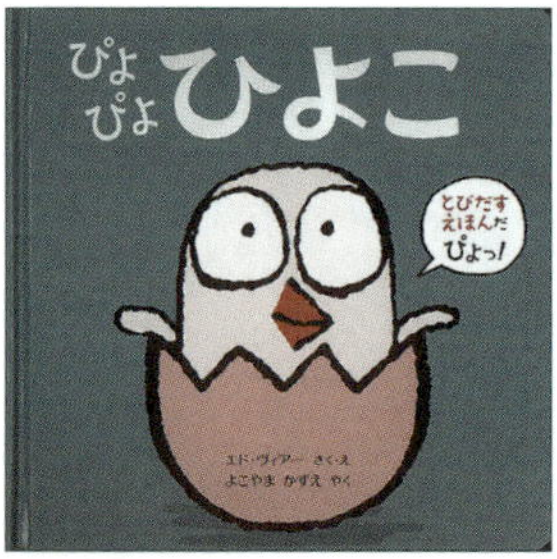

ぴよぴよひよこ
エド・ヴィアー作・絵
よこやまかずえ訳
フレーベル館

もこ もこもこ
谷川俊太郎 著
元永定正イラスト
文研出版

すりすりももんちゃん
とよたかずひこ作
童心社

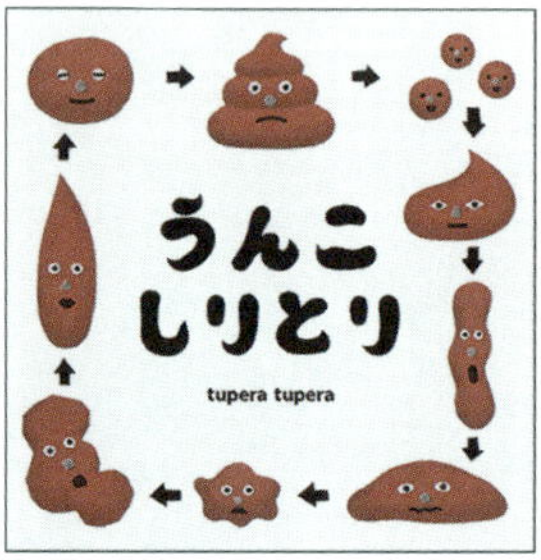

うんこしりとり
tupera tupera 作
白泉社

おばけがぞろぞろ
佐々木マキ作
福音館書店

くだものさん
tupera tupera 作
学習研究社

教えて！かん子さん

本をポイポイ放り投げて遊んでいます

Question

本を開いたり閉じたり、本棚から引っ張り出して遊んだりしていますが、まるで中身に興味がなさそうです。どうしたらよいですか？（２歳児）

Answer

大事なポイントは、本を読むか読まないか、ではなく、本が傷むか傷まないか、です。傷まないのであれば、引っ張り出して遊んでいてもちっともかまいません。小さい人にとって、手触りや重み、引っ張り出すときの抵抗感などは快感なのです。この触感は五感のなかでも一番先に無くしてしまうものなので、できるだけ楽しませてやりたいのですが、本が傷むのなら困ります。

やさしく、本が傷むからそれはやめてね、といって止めて、変わりに投げてもいいおもちゃ、などと取り替えてください。ページを破くのも、とても面白い遊びですから、これもやり始めたら破いてもいい紙…新聞紙などと取り替えて思う存分破かせてください。紙破きはいい筋トレです。

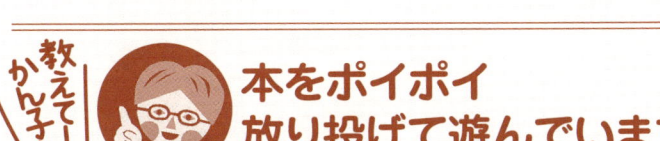

小学校に入る前に（3歳から5歳くらい）

好ききらいは成長のあかし

3歳を過ぎると、みるみるうちに複雑な話が理解できるようになります。長い話も最後までわかるようになり、読める範囲も広がります。

本の好みもはっきりしてきます。

それまでも好みはあったのですが、よりはっきり主張してくるようになります。本人が読みたい、面白い、という本を読んでいればずっと、本は面白いものだ、と思ってもらえ、本が好きなままでいてもらえます。

失敗する時間のたいせつさ

子どもが図書館でどんな本を読もうかな、と迷っているときがあります。
そのときは、子どもが自分で読みたい本を見つけるのを待ってください。
そして、
「これ、読んで～～」といわれたら
「え～っ、これ～？」
といわないでください。
本人だって、まだ面白いかどうか不安なのです。
なんでこんなのにしたの～？
といわれたら、へこむでしょう？
「読んで～」といわれたら「へいへい」といって読んであげてください。
そうして、その本が面白かったら二人で喜べばいいしつまんなかったら、二人でがっかりすればいいのです。

小さい人には時間がたっぷりあります。

ご自分が小さかったときを思い出してください。

昔、夕方は、暗くなるまでとても長かった、と思いませんか？

一週間がたつのものろかったし、次の誕生日なんて、永遠に来ないような気がしませんでしたか？

年を取ればとるほど、時間はあっというまに過ぎます。

若い人には時間がたくさんあり、だから小さな人には、失敗する時間がたっぷりあるのです。ときどきはつまんない本がないと、面白い本が光りません。

小さいときには〝**乱読**〟が必要です。いろんなレベルのいろんな本を読むことで、感覚や物を見る眼が広く深く養われていくのです。

本には二種類ある

本にはおおざっぱにわけて、

だれかが作った話と**この世界に本当にある話**の二つがあります。

誰かが作った話が、物語や民話です（これを仮に〝**空想系**〟と呼びます）。

本当にある話、は、のりものや恐竜、昆虫や星の本（こっちは〝**リアル系**〟と呼びましょう）。

そのすべてのジャンルに、〝**本**〟があるのです。

ところが日本では、本を読む、というと、小説、物語を読む、と勘違いされていることがよくあるのです。

小説を読む人は読書家、そうでない人は本を読まない人、みたいに――。

でも、どっちも本ですよ？

そうしてそのどっちが好きかは、頭がいい、悪い、ではなく単純に〝**好み**〟です。

ノーベル化学賞を取るような人で小説も読む人は、ものすごく少ない。
もちろん、両方読む人もいるし、極端にどっちかしか読まない人もいます。
そうして（これが面白いところなのですが）3歳くらいの人にとっては
すべての本がリアル系、です。
なぜなら、まだ、この世に本当に起きることと、起きないことの区別が
ついていないのですから。
サンタクロースが本当にいると思っている人にとっては、サンタの本は
すべてリアル系。戦隊モノも、子どもたちにとってはリアル系です。
だって、遊園地に行くと……ほんとうにいるのですから！
小さい子どもたちは、この、本当の世界、と嘘っこの世界、を自由に行き来して、
ときどき大混乱しながら暮らしているのです。
そうしてこれが、小さい子どもたちが持っている魔法、の一つです。

科学の本も読んで

3歳すぎたら、科学の本も読んであげられるようになります。頭の中に、ちょっとした分類、を作っておいてください。そうすると、すっきり考えられるようになりますから。

まず、科学の本は**生きていないもの**（〝**無機**〟）と**生きているもの**（〝**有機**〟）に分かれます。なぜこう分けるのかというと無機だけが好きな人、有機だけが好きな人、どっちも好きな人、がいるからです。

生きていないものは、算数、物理、化学、天文学、地学、の五つです。

生きているものは、まずは背骨があるものとないものに分けて考えます。

それから、**体が冷たい**〝**変温動物**〟と**温かい**〝**恒温動物**〟に分けて考えてください。

子どもは変温動物好き

なぜ生きものを変温と恒温にわけるかというと
小さい人たちは変温動物が好きだからです。
なぜなのかは、わかりません。
でもそうなんです。
あ、恐竜は別格です。
そうして高学年になる頃にはたいていの人が
からだの温かい生きものが好きになるのです。
進化の順番をたどっているのか？　とも思いますが、まさか、ね。

生物の分類

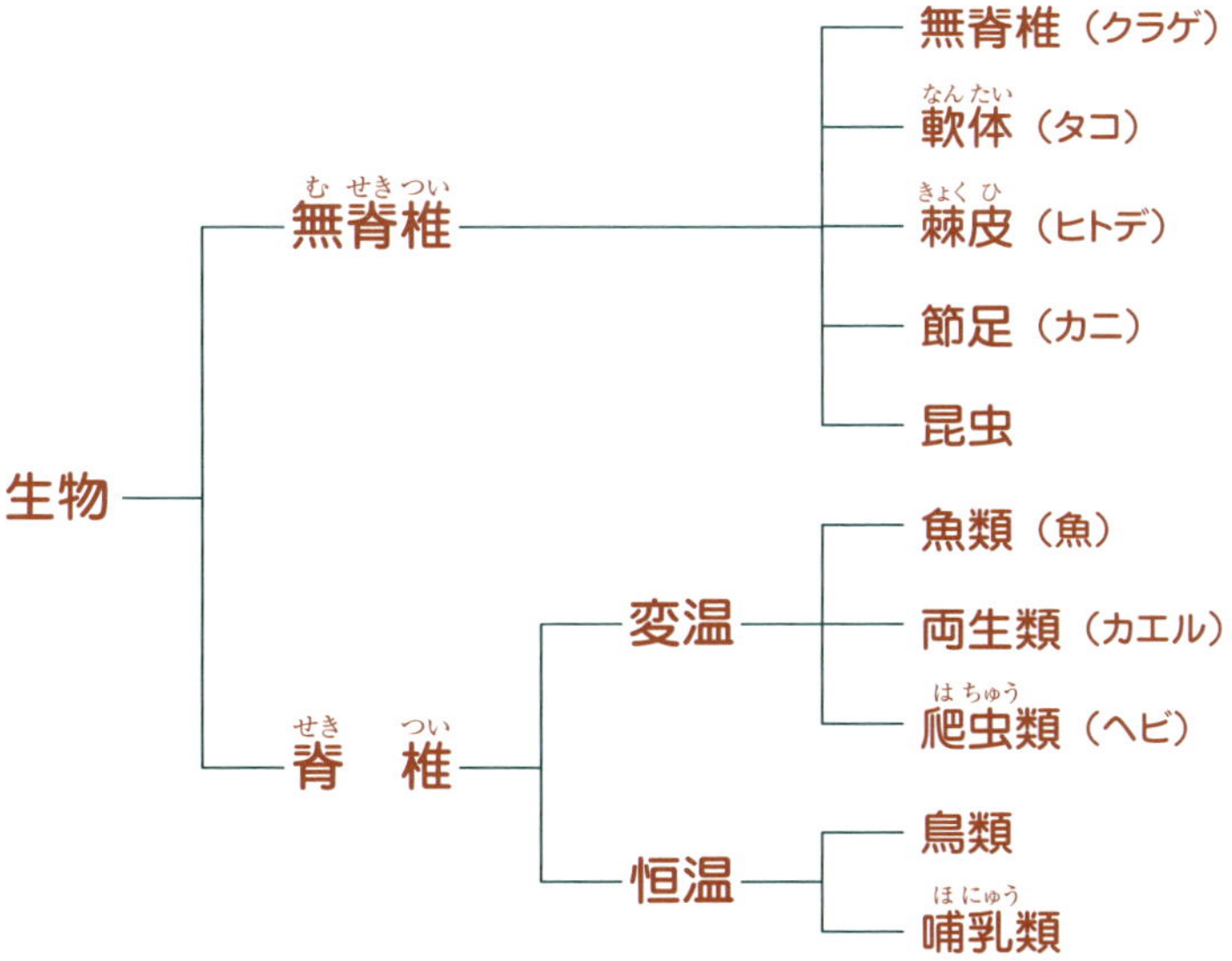

わかりやすくするために、代表的な生き物をあげてあります。

用語は日本の公共図書館が使用している分類（NDC）にのっとっています。

子どもは生まれながら〝分類〟と〝定義〟がわかる！

3歳になると、人間の子どもはだれにも教えられないのに
〝**分類と定義遊び**〟を始めます。
つまり「これ、なあに？」です。
「これはバナナよ」といっても、
まだ「これなあに？」ときいてくるのなら、それは
バナナ、という名前はわかったけど
「バナナとはなにものか？」を知りたいんだ、といっているのでしょう。
「バナナは芭蕉科の植物です」と返事すると、必然的に
「芭蕉科ってなあに？」
と返されるので、たいていの大人はそのあたりで嫌になってきますが
子どもはたいてい、真剣に知りたいか、日本語を覚えたいので

おうむ返しにきいてくるのです。

言語を習得するのに反復練習以上の方法はないでしょう？

彼らは〝**日本語の回路**〟を頭の中に作っているわけです。

この〝**分類**〟と〝**定義**〟は学問の基礎の基礎です。

3歳になると、脳は勉強用にセットされるのかもしれません。

そうしてその脳は〝**本質的な勉強**〟に向いているので、意味もなく何かを覚えるのではなく、説明をする、とよく働くような気がします。

そうしてここで〝**考える**〟訓練を脳にさせておかないと脳をちゃんと使いこなせないように思うのです。

なので、どうぞ、これが始まったら

面倒がらずにつきあってやってください。

この「バナナってなあに？」は

ようするに

〝**定義**〟をきいているわけです。
そしてこの定義は、百科事典の解説の一番はじめの一行に書いてあります。
わからないことは百科事典を開いて、一番初めの一行を読んでやってください。
そうすると結構、へぇ～ということが書いてあったりして、
大人でもなかなか楽しいものです。
「そうか、この本を見たら
そういうことがわかるんだ」
と思えば
自分でも開くようになります。
ですので、〝**百科事典**〟〝**図鑑**〟
などは家にあったほうがよいのです。

定義とは

義（ことばの意味）を定める…
つまり、このことばの意味は、
ここからここまで、という
範囲のこと。

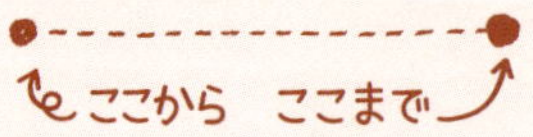

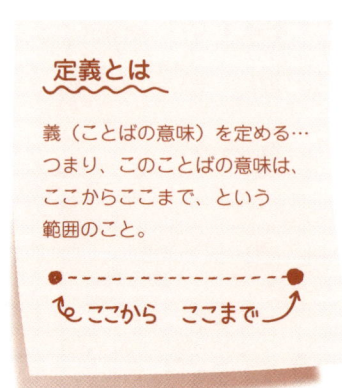

教えて！かん子さん

付録つきの雑誌ばかりほしがります

Question

戦隊モノや仮面ライダー、プリキュアなど、付録つきの雑誌をほしがります。付録がほしいだけなのです。これでいいのでしょうか？（5歳児）

Answer

いいか悪いか、は本とは関係なく、親のお財布とその子の性格しだいです。欲しいものを全部買ってやってもちっとも性格的に傷まない子もいれば、がまんの利かない子になる子もいます。買ってもらえないことで傷つく子もいれば何ともない子もいます。そうして親にゆとりがなければ買ってやりたくても買えないでしょう。

子どもはみな同じではないので、同じ対処のしかたが正しいとはいえません。自分のしたいようにではなく、その子をよく見て、その子にとってなにがベストのやりかたかを冷静に判断してください。付録つきの本は本だと思うからアタマにくるのでしょう。おもちゃだと思えばさほど腹も立たないのではないでしょうか。

〝分類〟って快感！

「これなあに？」と並行して、
自分の持っているミニカーなどを自分なりの考えで
〝分類して〟〝並べて〟〝眺めて〟
悦に入る遊びも始まります。
誰かがそれをごちゃごちゃにすると
「この車はここじゃなくて、ここなの！」
といって、怒って並べ替えます。
仮面ライダーや戦隊モノのフィギュアだのメダルだの、を
「これはこれと同じ」
「これは違う」
と〝**分類**〟していけば、なにがなくて、どれを交換してもいいか

わかるようになる、ということをだれにも教えられないのに
ひとりで〝**思いつく**〟のです。
ものごとは、同じものを集めて整理するとよくわかるようになる
という大変高度な学問の基礎を、人間の子どもは
〝**自分で考えだす**〟ことができるのです。
そうして〝**分類すること**〟それ自体に快感、を感じるのです。
ヒトの子どもって、なんて頭がいい、と思いませんか？

3歳半〜5歳におすすめの科学本

岩石と宝石の大図鑑
ロイド・ルイス・ボネウィッツ著
青木正博 訳
誠文堂新光社

たんけんライトシリーズ 恐竜たんけん
クロード・デラフォックス著
石井玲子 訳
岳陽舎

ヘビ大図鑑 驚くべきヘビの世界
クリス・マディソン著
千石正一 監訳
緑書房

実物大 恐竜図鑑
デヴィッド・ベルゲン著
藤田千枝 訳
小峰書店

うちゅうひこうしになりたいな
バイロン・バートン著
ふじたちえ訳
インターコミュニケーションズ

きれいですごい魚
松蒲啓一 監修
赤木かん子 文
パイインターナショナル

第2章
小学生の子どもたちへ

一年生から六年生までで
子どもは大きく変わります。
まるで別の生き物になるかのように。
大人といっしょに読む読書から
ひとりで好きな本を読むように
読書も変わっていきます。
特に大きな変化は、
小学校四年生前後……でしょう。
ここが大きな節目になります。

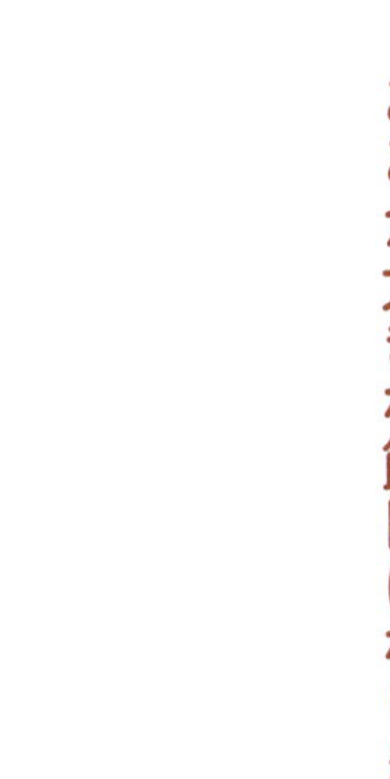

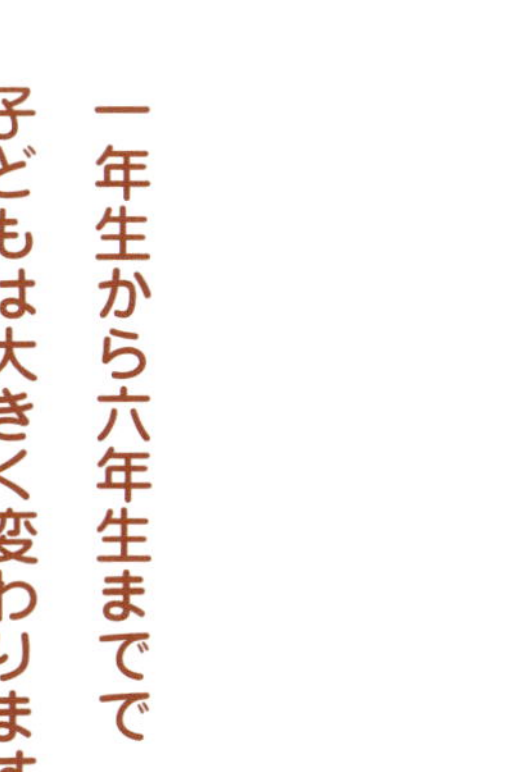

小学生になったら（小学校低学年）

一年生にも読み聞かせを

一年生は、まだまだ〝**お話を聞く**〟世界の住人です。
人がことばを覚えるのは、まず、聞くことから。そのためなのか
言語習得期の小学校低学年は、ことばがたいそう好きです。
それも、人の声で読んでもらうと、日本語がからだに深く入っていきます。
このころは、もう日常会話に使う日本語はできるようになっているので
かなりの本が**読んでもらって**わかります。
まだ自分では読めない本も**読んでもらったら**わかるのです。
特にこれは科学の本で重要になります。

だからまだ、読んでやってください。
そうして一年生は、ず〜っと、一年生なわけではありません。
よく見ていると、どうやら、十一月の終わりごろから十二月にかけて
急に、いきなりむくむくっと大きくなるような気がします。
一学期と二学期は、女の子たちでもヘビやトカゲが好きです。
ダンゴムシだって集めます。
それが十二月になると、いきなり
「ヘビ、きゃ〜〜っ!!」
というようになる感じがするのです。（もちろん個人差はあります。なかには、
一生ヘビが好きな人だっていますから）
七月のころと比べると、十二月には別人のように賢くなって大人っぽくなってい
る（特に女子は）感じがします。
ちなみに男子が変温動物から離れていくのはだいたい四年生です。

ものの名前に夢中になるころ

というわけで、このあたりから〝恐怖のなぞなぞ年齢〟に入ります。

（5、6、7歳は個人差があるので、幼稚園で始まる人もいれば二年生になってから、という人もいます。

早くても遅くても、ほとんど差はありませんのでお気になさいませんように。

高学年になってしまえば、みな同じ、です）

朝から晩までなぞなぞをしたがるので、大人にはしんどい時期です。

子どもはとても興奮し、快感を感じているのですが。

ダジャレや、ことばあそびもはまります。

それもことばを使いこなす練習の一環なのでしょう。

一度終わってしまえば、もう二度と復活しません。

ですから、今はそういう時期なんだ、と思って、できれば
〝**楽しんで**〟つきあってやってください。
ここまで大きくなったのです！
それはすばらしいことじゃないですか？

全然関係のないことばを、羅列して覚えていくのも大好きです。
これも大人には真似のできない技、です。
だからポケモンソングが覚えられ、歌っていて快感！
なのです。
数を数えるのも大好きです。３歳くらいからはまる人もいて
これも四年生あたりで終わる、でしょうか。

『エルマーのぼうけん』のなかで、冒険に出かける前にエルマーが台所で持っていくものを探すシーンがあります。

エルマーのもっていったものは、チューインガム、ももいろのぼうつきキャンデー二ダース、わゴム一はこ、くろいゴムながぐつ、じしゃくが一つ、はブラシとチューブいりはみがき、むしめがね六つ、さきのとがったよくきれるジャックナイフ一つ、くしとヘアブラシ、ちがったいろのリボン七本、『クランベリいき』とかいた大きなからのふくろ、きれいなきれをすこし、それから、ふねにのっているあいだのしょくりょうでした。

ねっ？　ものの名前の羅列と数、でしょう？

この作者は、子どもたちがどういうことを楽しいと思うのかとてもよく知っている人だったのだということが、ここだけでもわかります。

大人と子どもは、同じことを
楽しいと思うこともありますが
いつもではないのです。
子どもの時にしか楽しくない
こともたくさんあるのです。

次のページに紹介するのは、杉山亮さんの「おはなしめいろ」というポスターです。お話をたどっていって、間違うと、赤ずきんのお話が「いつも赤いズボンをはいていたそうです。」で終わってしまったりします。これは大人がやるとたいてい酔いますが、低学年は夢中で何時間でもやっています。

エルマーのぼうけん
ルース・スタイルス・ガネット作
ルース・クリスマン・ガネット絵
渡辺茂男 訳　福音館書店

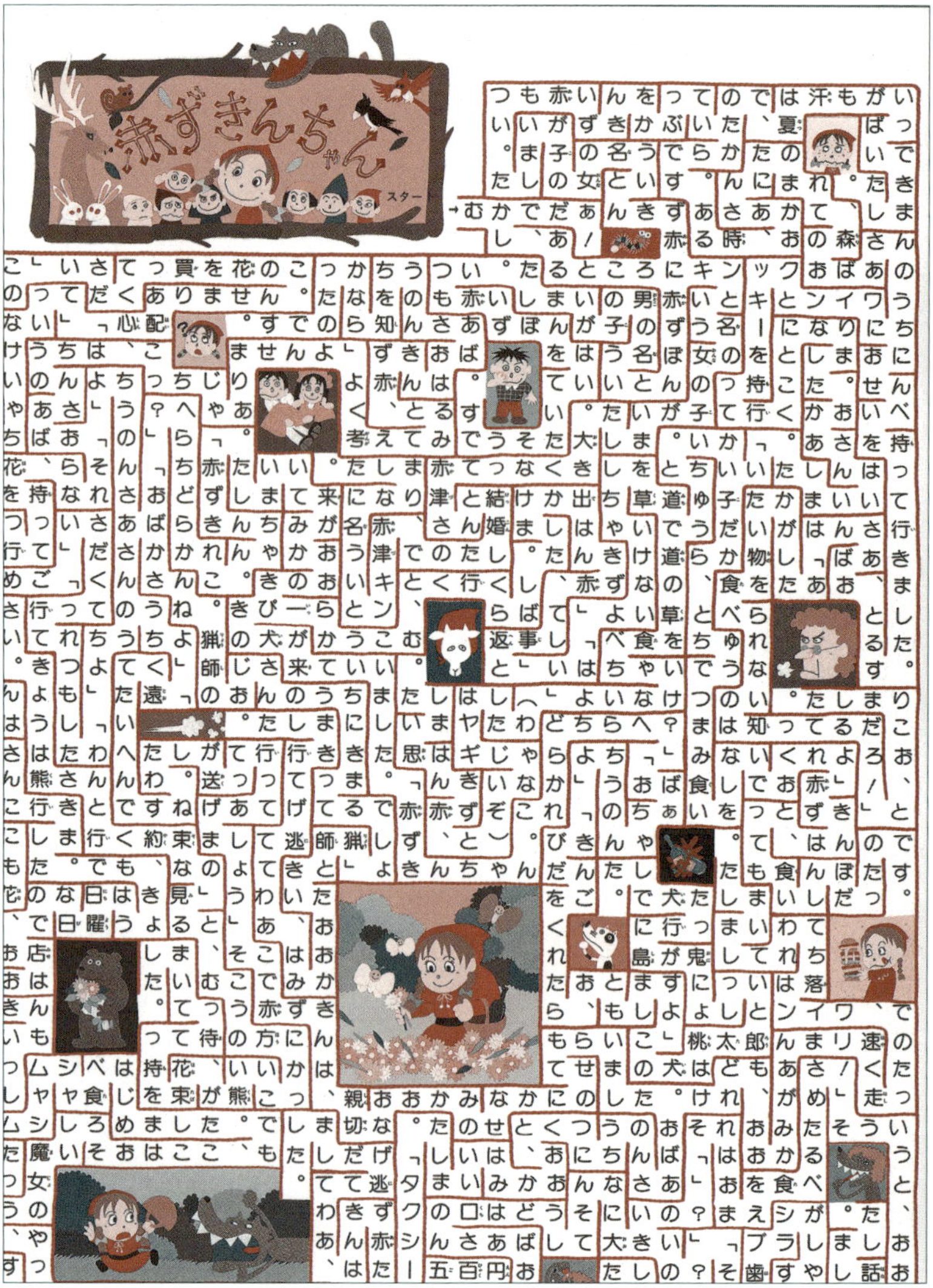

おはなしめいろ　赤ずきん
杉山亮 作　中川大輔 絵

脳に〝分類体系〟をつくる

ある時、沖縄のホテルで朝ご飯を食べていたら、隣の席で幼稚園の年長さんか、一年生だろうなあ、という男の子とお母さんがごはんを食べていました。

そのとき、その男の子が

「おかあさん、トマトもマンゴーも赤いよねえ」

といったのです。そうしたら、そのお母さんが

「う～～ん。赤いたべもの、青い食べもの、黄色い食べものってわけるのって、なんか、意味があるのかなあ?」

といったのです。そうしたらその男の子は

「そっかあ。赤いだけじゃあいっしょにならないかあ」

と納得していました。

一年生の後半までは、大半の人が色で分けたがる傾向があります。

色で分けることに意味がある！　と感じてしまうのです。でも二年生になると、「くつ下の引き出しを〝白いの〟〝黄色いの〟〝青いの〟〝赤いの〟と分けることに意味がある？」ときくと、

「全然ない。めんどくさいだけだよ！」といってくれます。

分類の法則の一つは、**意味のない分類はしない**です。

つまり、分類するときには必ず**目的がある**ということになります。

目的にそって、分類を考えることを、**分類体系を作る**といいますが

これを楽しい、と思うのは、女の子だと3歳から一年生くらいまで、男の子だと四年生くらいまでが旬でしょう。その時にせっせとやって、脳に回路を作ってください。

分類体系を作るのが上手だと、整理整頓が、うまくなります。

ものごとを整理して考えることが上手だと、生きるのが楽になります。

とっさにこう切り返したこのお母さんは、たいしたかたですね。

二年生にすすめる本は…

二年生は安定している年齢です。

一年生の十二月頃にむくっと大きくなってから、二年生はなだらかに安定して大きくなっていく感じがあります。

ゆとりがあって、好奇心が強いので、いろいろなジャンルの本に幅も広げられるし、長くても耐えられるようになるし、まだ読んでやれる絵本も、ちょっと厚めの物語の本もたくさんあります。

そうして一、二年生は、なにかができていく工程、が大好きです。

ですから、**何かができあがっていく過程の話**や、**はじまり**、の本を喜んでくれます。

自分の身のまわりのことから、少し、まわりを見ることができるようになるからなのか、日本には手先の器用な人が多くてものをつくるのが好きな人が多いのか……。

ただ、二年生にわかって楽しい、このタイプの本ってあまりないんですが。

(もっと欲しい!)

二年生あたりから、本格的に科学の本を読んで理解できるようになりかつ必要になります。なぜかというと、低学年は言語習得期だからです。

この頃は「おもしろい!」と思ったら、覚えようとしなくてもなんでも覚えられるときです。日本語の回路ができあがった感じがあります。

ということはつまり「へ~」と思わせることができたら、その単語は覚えられるということです。そのかわり、おもしろくないものは、覚えようとしてもなかなかできません。

大人はその逆で、がまんして覚えることはできますがおもしろい! と思ってもなかなか覚えられません。

小さい人に覚えてもらいたいなら、おもしろくすればいいのです。

雑学本は必須です

専門的な本を読もうとすると、専門用語が必要になります。

惑星、銀河、太陽系、…

といったことばがわからないと、天文学の本は読めません。

ということは、専門書を読む前にそういうことばをほかの本で読んで覚えておいたほうがいいわけです。

「そんな、難しいんじゃないの？」

と思うかもしれませんが、意外に、子どもたちには難しくないんです。

ふだん使っている**日常的なことばで解説できて、答えが一つしかないもの**は、子どもには〝**簡単**〟なのです。

ですから、概念が抽象的すぎて無理！　というものもなかにはありますが（素粒子とかね！）大人には難しそうに見えることばでも、低学年には案外簡単だった

りするのです。

逆に、「犬の大きさは？」

のように、一見簡単そうにみえるものでも、チワワからグレートデンまでいろいろあるよ、というものは、難しい。

小さい子どもたちは

「これもあるし、これもあるよ」には弱いのです。

では、そういう専門用語をどうやって手に入れるか、というと、それはもう本からだよ、ということになります。

図鑑、科学の絵本、そうしていろいろな雑学本ですね。

本は、自分の身の回りにはないことば、そうして、ふだん使わないことばを運んできてくれます。

夕ご飯を食べながら

「今日、火星の探査機がさあ」

というような会話をしているおうちは、そうないと思いませんか？
本は、そういうことばを子どもに持ってきてくれるのです。
雑学本の王さまは百科事典です。
王子さまは「ギネスブック」や「プロ野球選手名鑑」…
そして各種の図鑑です。
大人のなかには、そういう知識の本（雑学本）を嫌う人もいます。
たいていは、文学の好きなかたたちです。もちろん文学も必要ですが、
文学だけで世の中ができているわけではありません。
弁護士も医者も科学者も技術者も必要でしょう？
知識やデータの本は小さな人たちには必須です。
できるだけたくさんの専門用語を無理せずに覚えてもらいたいですから。

小学校低学年の子どもにおすすめの雑学本

科学漫画サバイバルシリーズ
人体のサバイバル[1]
ゴムドリco. 著
韓賢東 絵
朝日新聞出版

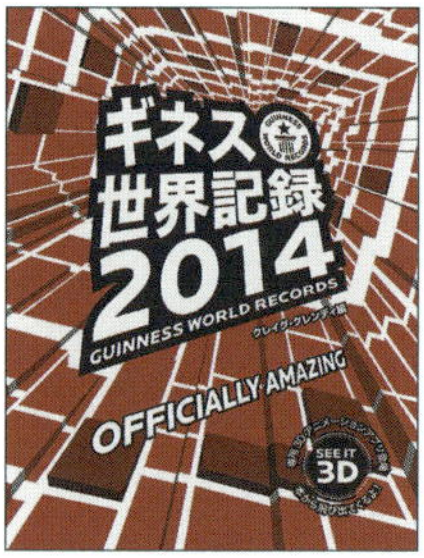

ギネス世界記録
クレイグ・グレンティ編
角川マガジンズ

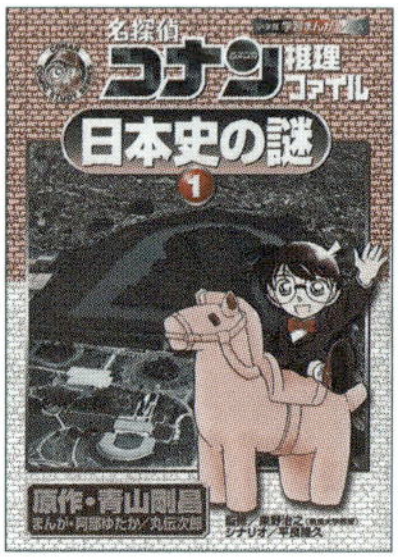

名探偵コナン推理ファイル
日本史の謎①
青山剛昌 原作
東野治之 監修
小学館

プロ野球選手カラー名鑑
日刊スポーツ出版社

科学キャラクター図鑑 **周期表**
サイモン・バシャー絵
エイドリアン・ディングル文
藤田千枝 訳
玉川大学出版部

ポプラディア 新訂版（全12巻）
ポプラ社

「サンタクロース」が世界の分かれ目（小学校中学年から高学年へ）

抽象的な思考が少しずつできるように

一、二年生は、
「太陽が地球のまわりを回っているよ」

といわれてもよくわかりませんが、模型を作って見せれば納得します。

三年生はそういわれると、よくわかったとはいえなくても
なにかわくわくするお年頃です。

具象から抽象に頭の中が広がっていくんだな、と思います。

そうして、四年生になるころには、

「その道を〝軌道〟と呼びます」

という話に喜ぶようになります。

子どもは、大きく分けると3歳から8歳までが一つのグループです。

もちろん3歳の人と8歳の人は、かなりわかることやできることが違いますが、なんというか、同じプレート上にいて大きくなっていく感じがあるのです。

それが8歳をすぎた頃から、違うプレートに乗り始める…。

子ども脳が大人脳に変わっていく感じがするのです。

子ども時代の魔法の能力は消えますが、代わりに大人の能力が使えるようになります。

サンタクロースを信じてる？

いちばん大きな変化は、この世に本当に起きることと起きないことの区別がつくようになる、ことだろうと思います。つまり
「サンタクロースはいない」
ということがわかってしまったら、区別がつくようになったということなのですが、四年生も過ぎるとたいしてショックも受けないと思いませんか？　でも、5歳だと泣いたりします。
（ここらへんはものすごく個人差がありますが。なかには六年生女子でも「知りたくなかった」といって泣く人もいますから）。
ですから、ほっといても自然にわかることなのですから
わざわざ
いないんだよ～ん、と教えて泣かせることはないでしょう。

ダンゴムシは気持ち悪い？

あるとき、一〇人くらいの六年生男子と作業をしていたときに「いつからダンゴムシを気持ち悪いと思うようになりましたか？」ときいたことがあります。

出た結論は、平均して「四年生の一〇月ごろ…」でした。

「夏休みには好きだったけど、冬休みには嫌いになってた気がする」というのです。

「ふ～ん、やっぱりそのへんかあ」というと「なにが？」というので「サンタクロースはいないってばれるのもそのへんじゃない？」「そういえばそうだ、そのへんだった」という話になりました。

「オレたち、子どもだったよな」と一人が感慨深げにいいました。

そうだね……。

教えて！かん子さん

ゲームばかりの子どもに本を読ませるには？

Question

ゲームに夢中で、本に興味を示しません。ゲームの時間を制限して読書の時間を設けるべきでしょうか？（10歳）

Answer

大事なことは、ゲームをしているかどうか、ではなく、その子がいま、幸福かどうかです。ほかにすることがないので仕方なくゲームをしているのであれば、ゲームをしていても幸福ではない、ということになります。

退屈な時間、というのは子どもをとてもむしばみます。夢中でのめり込んでいるのなら、とりあえずはオッケー。あとは運動不足になることが次の問題でしょうか？

人間はある程度からだを動かしていないと調子が悪くなるようにできているので、もしそうなら、もっとその子のからだが欲するレベルまで動かすことを考えればいいのです。

知らないこと、経験したことがないことは面白さがわかりませんから、いろいろなことを経験するチャンスを——。本はその子の好きなことが書いてあるものをあげてください。

五年生は大人への入り口

五年生になると男女ともに意識は上の年代を向きます。

高校生、中学生、と降りてきて、小説は五年生で下げ止まるのです。

つまり、五年生は、大人が読んでいる本の中から、読めるものを引っ張ってきて読むことができる最初の年齢、ということになります。

夢中になれる、自分たちだけの文化がある時にはいいのですがない時代には、そうやって大人の文学から引っ張ってきて読むことになるので、普通の本屋さんの平台（同じ本がたくさん積んである展示のしかたのところです）に並んでいる本のなかで読めるもの、イコール五年生以上が読む本ということになるわけです。

また、五年生になると、社会性が出てきます。そうすると、男子のかなりの人が**戦国武将**や**三国志**にはまります。女子は友だち関係です。

〝著者〟ってなあに？

小学校も高学年になってくると、調べたことをレポートに書く、という調べ学習が本格的にできるようになります（P105を見てね）。

レポートには、引用した本の〝**出典**〟を書かなくてはなりません。

出典には書いた人、つまり〝**著者**〟の名前が必要なのですが、低学年にはこれが思いのほか難しく、

「ようやく理解してもらえた」

と私が思ったのは五年生になってからでした。

（ちなみに、著者を調べるためには〝**奥付**〟を見ます。奥付のことは、P90に書いてあります）

なぜ難しかったのかというと、**著者**にはいろいろな仕事の人がいていろいろに

表現されているからです。たとえば…

著、作、文、翻訳、監修者、編集者、絵、アート…

一人ではなく何人もいるときに**著者**が分担する仕事の中身を理解し、出典に書く名前を選ぶのは、大人には簡単ですが、一対一対応でないものは低学年には不可能に近いので、低学年の子どもにはとても難しいことなのです。

いよいよ思春期へ

早い人では六年生のはじめころから、遅い人でも、一〇月くらいには子どもは変わり始めます。そうすると、集中できなくなり、落ち着かなくなります。

それまでに知的に刺激して訓練してよく耕しておけば、知らないことに対する興味や、論理的な思考能力をそのまま使うことができますが
そうではないと、自分と自分の仲間にしか興味がいかなくなりがちです。

もう一つとても大切なのは〝**愛情**〟です。

思春期には自分を認めてもらいたいというとても強い衝動にかられます。

なので、それまでに「認めてもらってない！」と感じていた子は
「なにがなんでも認めてもらわねば！」になりやすいのです。

そうして、まわりもそりゃ大変ですが、だれよりも、本人が一番大変！

なのです。

外国のヤングアダルトは…

外国の本はハードルが高くなります。

六年生は三つくらい年上のひとたちにあこがれるものですが、外国の小説を読んでも、30年ほど前の日本のように、やってみたい、とか、カッコいい、と思えるものが今はあまり出てきません。

以前、アメリカのジュニアハーレクインシリーズが翻訳された時に驚いたのですが、12冊中、11冊の男の子……ヒロインの彼氏……がアメリカンフットボールの選手でした。

アメリカの理想は、彼はフットボール、彼女はチアガールです。

日本の女子は、チアガールになって目立ちたい！　とは、ほぼ思わないでしょう。

こういう文化の違いを、ふ〜〜ん、といって乗り越えていける度量がないとなかなか読みにくいので、いま、外国ものは苦戦しています。

リアル系の読書も変わります

そうしてこのころから、男女ともに不思議なことに、温かい生きものが好きになります。低学年は変温動物が好きなのですが、高学年は恒温動物が好きなのです。

したがって、一番人気は犬と猫！

もう一つ、男子があれほど好きだった生きものですが

五、六年生から中学生にかけて、〝**有機**〟（命のあるもの）から

〝**無機**〟（命のないもの）に興味が移ります。

無機は、大きく分けると、数学、物理、化学、天文学、地学……。

ですから科学の棚は中学の男子は完全に、無機中心になります。

ここ一、二年は、無機が低学年にも降りてきました。

もう二年生くらいで元素やブラックホールに興味を持っていかれてしまいます。

いまや**昆虫採集する人**は絶滅危惧種、といっていいかもしれません。

小学校中学年から高学年におすすめの本

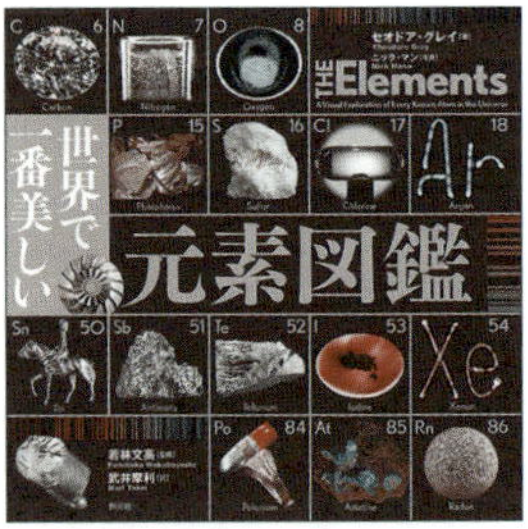

世界で一番美しい元素図鑑
セオドア・グレイ著
若林文高 監修
創元社

地球動物図鑑
フレッド・クック著
山極寿一 日本語版監修
新樹社

元素図鑑 世界は92この元素でできている
エイドリアン・ディングル著
若林文高 監修
主婦の友社

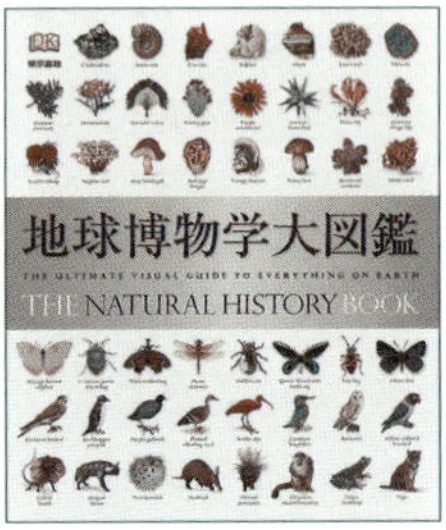

地球博物学大図鑑
スミソニアン協会 監修
デイヴィッド・バーニー編
西尾香苗ほか訳
東京書籍

サイエンス大図鑑
アダム・ハート=デイヴィス総監修
日暮雅通 監訳
河出書房新社

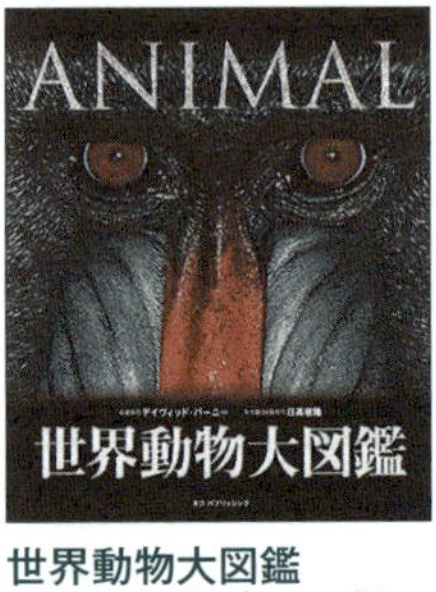

世界動物大図鑑
ディヴィッド・バーニー編
日高敏隆 日本語版監修
ネコ・パブリッシング

第3章
ティーンエイジャーになったら

中学生、高校生になると
一人一人の成長や感じ方が
バラバラになります。
小学校のときは〝みんな一緒に〟
大きくなれたのに、中学に入ったころから
体の大きさも成長の早さも
成長のパターンも違う……
なので、ティーンエイジャーの読書と
大人のかかわりについては
かなり難しくなります。
次章の「本を使える人に
するために」と合わせて
お読みください。

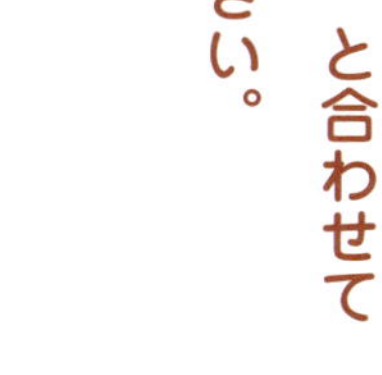

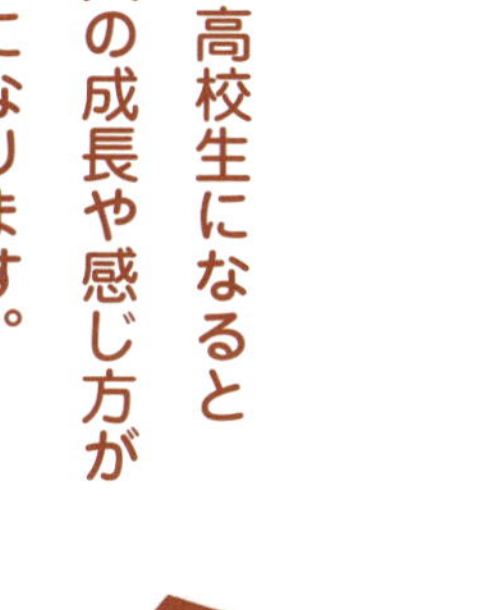

中学生の子どもと本の状況

中学生は〝さなぎ〟

中学生にはどんな本をすすめたらいいの？

いま一番きかれる質問がこれで、一番きかれるということはたくさんのかたが困っている、ということでしょう。

これには二つの方向性があります。

一つは中学生自身。

そうしてもう一つは、現在の、本、そのものの状態です。

これは別に科学的に証明されていることではなくて、私個人の感想、なのですが、中学生というのは、〝**さなぎ**〟なのではないかと思うのです。

小学生は、いわば、イモムシ。

イモムシは好奇心にあふれ、元気いっぱいでモリモリ食べて大きくなります。

でも、いったんさなぎになって体の中を大改造しないと、チョウ（大人）になれない……。さなぎは外からの刺激をなるべくカットして動かず、そのかわり、体のなかは大騒動……。

で、そのときに、ものすごく大きく改造しなきゃいけない人と、たいして改造しない人がいるような気がするのです。

中学生になると、必ずといっていいほど、授業中落ち着かない、とかしゃべってばっかりいて邪魔になる、とか、教室にいられないで学校を放浪している、という人たちがいるでしょう?

でも、そんなにも頭が悪い、とも思えない。

落ち着かず、集中力が10分くらいしかもたないから教室にいられないだけで。

で、そういう人たちが大きくなって、25歳になっても
そのままかというと、かなりの割合でものすごく普通の大人
になってる気がするんですよね。

で、大なり小なり、たいていの人がイライラしてる……。

生きものは自分がどのくらいまで大きくなるのか、は分からないし、自分でホルモンをもうちょっと出して、とかもできません。

自分でこんなふうに大きくなりたい、は決められません。

そういうときに変化がきつくて大変な人ほど、ほかのことに気がまわらない、のは、当たり前といえば当たり前です。


もう！　いいからさわらないで！　という人もいれば、全然平気な人もいる。

中学生ってそういう意味ではいちばん、落ち着いて本を読むのに向いてない年代のような気がするんです。

〝ハリポタ時代〟は過ぎて…

というわけで本のほうはといえば……。

一九九九年から二〇〇八年まで、の〝ハリー・ポッター時代〟は、中学生を中心に回っていました。時代の最先端が中学生用の本だったので中学生が読める本で世界はあふれていました。

その時のことが記憶にあるかたは、今でもそうであるはずだ、と思って本を探しに来られる、のですが、今はそのあとの文化プレートです。

ハリー時代の本は、いまや四〇代の人のための本になってしまいました。

今の中学生には自分の文化があまりないのです。

それが、いま中学生に出せる本がなかなか見つからない理由の一つです。

ハリー・ポッターと賢者の石
J・K・ローリング著
松岡祐子 訳
静山社

中学生・高校生の子どもにどう接するか

根っからの空想系には

3パーセントほどの根っからの文学好き……。

彼らはなんでも読みます。そうして貪欲に読みますから、今の本なんてすぐに読み切って、読む本がなくなり、気の毒なことに今は「戦争と平和」や「罪と罰」まで読んでいます。

この人たちには古今東西の上等な文学をいくらでも出せます。

ほかの人たちは、五、六年生と同じです。

流行っている、今の本、のなかから、自分たちが読めるものを引っ張ってきて読む、のです。

そうして、ばりばりリアル系、という人たちは、ケータイ小説（本当にあった話、のように書いてあり、かつ、風景描写と人物描写をカットしてある）タイプやドキュメンタリー（本当にあった話）は読みます。

親はどうすれば？

中学生・高校生の読書には、親は触らないほうが無難です。

13歳も過ぎて、親にこれ読んだら、といわれて読むのならちょっとまずいかも、です（またはとても老成しているか、ですよね）。

3％の文学好きは、もう〝**同志**〟ですから年齢に関係なく対等に話ができます。

子どもが読んでいる本を、黙って借りて読んでもまずいです。（これもプライバシーの侵害です）

読みたいのなら、同じ本を図書館から借りてきて読んでください。

犯罪にかかわるのなら別ですが、自分の子にはさわらない、が鉄則です。

助けたいならよそのお子さんを……。

困っている子はたくさんいるのですから。

基本的には見えていても見ないことにしてください。

助けなきゃいけないところだけ助けて、あとは知らんぷり、してください。

子供がせっかく親から離れようとしているのだったら、じゃましちゃダメです。

子どもに本をすすめるのは、保護者よりも先生や、学校図書館の司書や科学館のキュレーターや近所のおじさん、などの赤の他人のほうがいいでしょう。

※いま一番新しいジャンルは〝**ボカロ小説**〟です。
ボーカロイドが歌う歌をもとに小説化したジャンルですね。

これはあと何年か続くだろうと思います。

教えて！かん子さん

思春期の子どもと性の問題をどう考える？

Question

大人の小説をだいぶ読むようになってきたのですが、大人の小説には性描写などがあるのが気になります。性と読書の問題、どう考えるべきでしょうか？　子供部屋にエッチな本があったときは、どうしたらよいですか？（14歳）

Answer

ではいつからなら、適当だと思いますか？　人間は、昨日までは子どもだったが、今日からは大人、というわけにはいきません。少しずつ大きくなるしかないのです。

見てみぬふり、が一番いいでしょう。読んでもわからないなら、本人がほしがらなかったり、理解できなかったりするわけですから、かまいません。中一くらいのときに、逆にすごく嫌がる時期があってとても困るのですが（たいてい、図書館にエッチな本がありました！といって、性教育の本を持ってくるんです。ホント、困るよ）必要になってきたから、気にしだすのです。14歳なら当たり前でしょう。ほしがるのなら、必要になってきたのです。

大人が話してやるのはOK

中学生が自分で読めるような科学の本は、たいしてありません。もともと専門書は、初級編ではありません。ある程度、知識がないと読めないわけです。でも、それを、日常的なことばで話してくれるのなら、結構聞きます。本を出して「読め」で終わり、ではなくてその本の中身を〝**しゃべって**〟ください。そうすれば知識は伝わります。本は**情報を伝える道具**です。**人が伝えた**って、ちっともかまわないでしょう？話すのは、親でも教師でも科学館のキュレーターでも学校司書でもだれでもＯＫです。

高校生以上には…

高校生は、好みも能力もさまざまです。

もうほぼ一人前なので、勉強できる人たちについては、大人は心配もしないし、放っておくでしょう。少なくとも、本に関する限りは——。

といっても、できる人たちにも、抜けは結構ありますが。

大人が気にするのは本を使うのが苦手、という子どもたちです。

でも、本は楽しみだけではなく〝**使う**〟ものです。

そのためにたいせつなことを、次章でお話ししましょう。

中学生・高校生におすすめの本

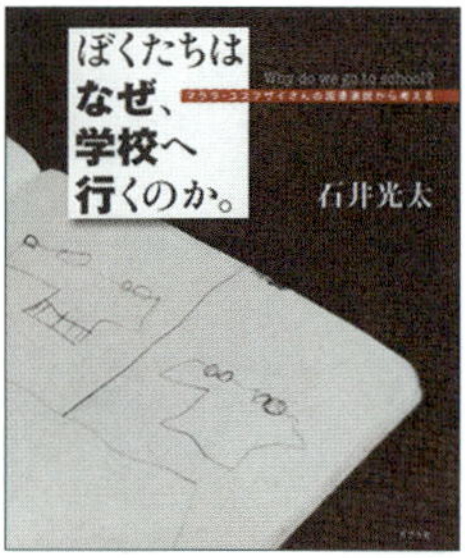

ぼくたちはなぜ、学校へ行くのか。
石井光太 著
ポプラ社

たった独りの引き揚げ隊
石村博子 著
KADOKAWA 角川文庫

ZOOM
イシュトバン・バンニャイ作
復刊ドットコム

言葉はなぜ生まれたのか
岡ノ谷一夫 著
石森愛彦 絵
文藝春秋

ヴェルサイユの庭園
（復刻版　のぞきからくり絵本）
大日本絵画

ブタとおっちゃん
山地としてる
フォイル

第4章
本を使える人にするために

本を使える、ということは
本という道具の目的やルールを理解し
使いこなす、ということです。
人工的に作られたルールはなかなか
体感だけで理解できるようにはなりません。
ほら！　といって本を出すだけでなく
使い方を説明してやってください。

〝本〟ってなあに

本の分類のはなし

私たちが〝**本**〟というときに思い浮かべるものは、ふつうは、〝**物語**〟〝**文学**〟だろうと思います。

ですから、たいていの大人が子どもに本を読んでほしいというときに思い浮かべるものも、物語、文学、そうして情緒的なお話の絵本でしょう。

ところが、本当は、小説や物語は〝本〟のごく一部でしかありません。

なぜかというと〝本〟というのは**文字で情報を書き留めたもの**だからです。

世の中には、音楽について書いた本も、

科学の本も法律や経済の本も工学の本もあります。
公共図書館では、0から9までの十個の数字を使って本を分類しています。文学にあてられているのは9で、そのほかの0から8までの全体の十分の九は
〝文学以外のもの〟なのです。
まず、これを頭に入れておかないと大きく、ずれてしまいます。
そうして、その図書館の分類法でいう、9の内訳は、
下のようになっています。
日本文学というのは、

0	総記
1	哲学
2	歴史
3	社会科学
4	自然科学
5	技術
6	産業
7	芸術
8	言語
9	文学

90	文学
91	日本文学
92	中国文学、その他の東洋文学
93	英米文学
94	ドイツ文学
95	フランス文学
96	スペイン文学
97	イタリア文学
98	ロシア、ソビエト文学
99	その他の諸国文学

文学全体の中でも、一部分にしかすぎないわけです。

さらにさらに、91の内訳は…。

このなかで〝**詩歌**〟〝**戯曲**〟〝**小説**〟はだれかがでっち上げたうそ話です。

現実にそういう出来事が起きたわけではありません。

（もちろんそのうそ話が伝えようとしているものは真実ですが）

でも、〝**紀行文**〟〝**エッセイ**〟〝**ドキュメンタリー**〟は実際に起きたことを書いたものです。

つまり、私たちが〝**本**〟といって思い浮かべる〝**文学**〟は、本全体の中のごくわずかな部分でしかない、のです。

910	日本文学
911	詩歌
912	戯曲
913	小説、物語
914	評論、エッセイ、随筆
915	日記、書簡、紀行文
916	記録、手記、ドキュメンタリー
917	箴言、アフォリズム、寸言
918	作品集
919	漢詩文、日本漢文学

空想系のほうが頭がいいわけじゃない

これまで、〝**空想系**〟〝**リアル系**〟（P29を見てね）という言葉で説明してきましたが、〝**空想系**〟というのは、先ほどの分類でいう913を中心にした〝**本**〟全体のなかのごくごく一部分を好きな人のことです。（911の詩歌や912の戯曲のファンは、さらに少ないでしょう）

空想系の〝**小説**〟を読まないと、読書人としてはダメダメ人間のように思われていたりしますが、そんなことはありません。

それは単に好みの問題です。自分は**本がキライなんだ**と思っている人は、たいてい、ただ単に**文学**《ブンガク》**が好きじゃない**だけのことが多いです。

小説が苦手だからといって、頭が悪い、ことにはなりません。

トップクラスの科学者で、小説も読む人は、とても少ないのです。

本が使えるようになるための四か条

まずは大人が、空想系のほうが頭がいい、という誤解を解いてください。大事なことは小説を読むことではなく〝**本が使えるようになる**〟ことなのです。本が使えるようになるためには、

1　本とはなにか（定義）を知る
2　各部の名称を知る
3　目次を使える
4　索引を使える

この四つを知っていることが必要です。まずはこの四つを知っていて使えるかどうか、確かめるところから、始めてください。

このうち、1の「本とはなにか（定義）」は先ほど述べました。
各部の名称は、こうなっています。

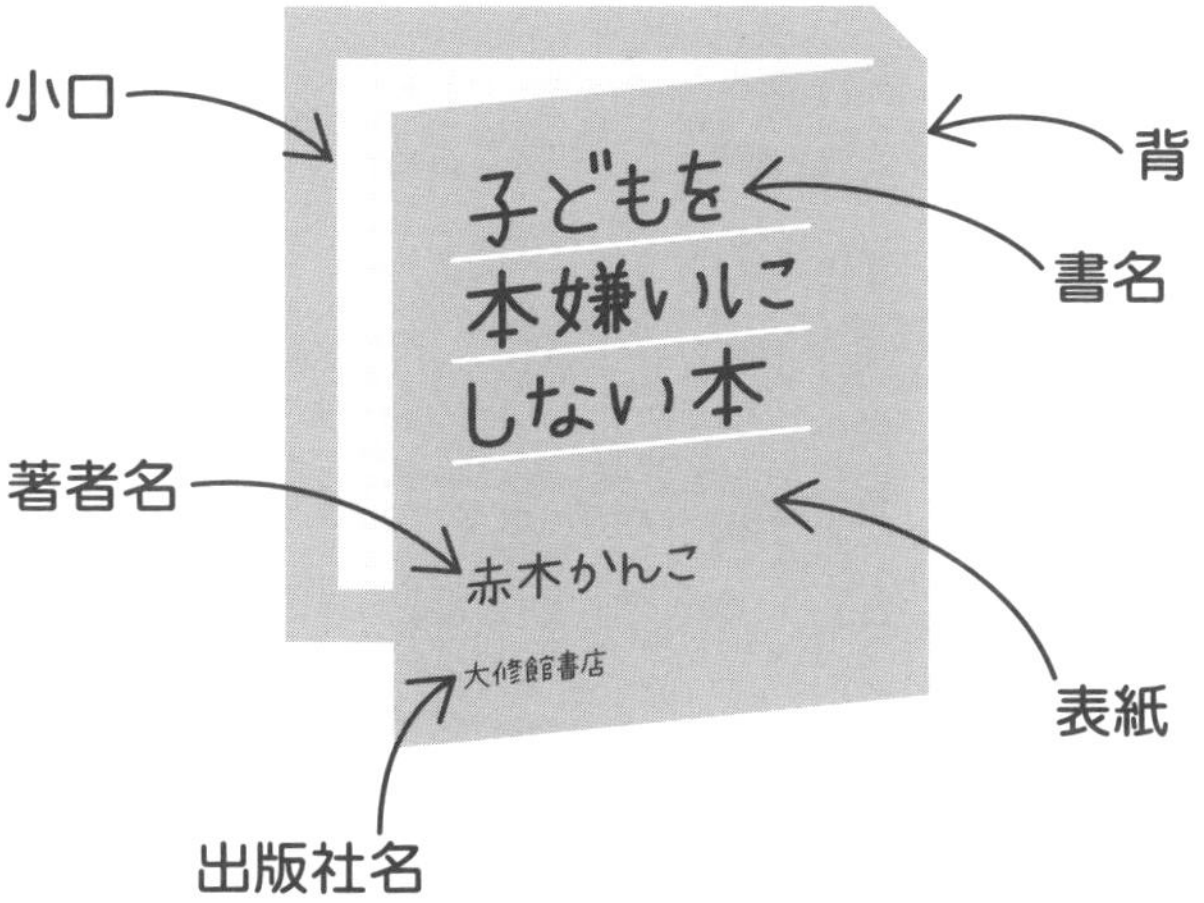

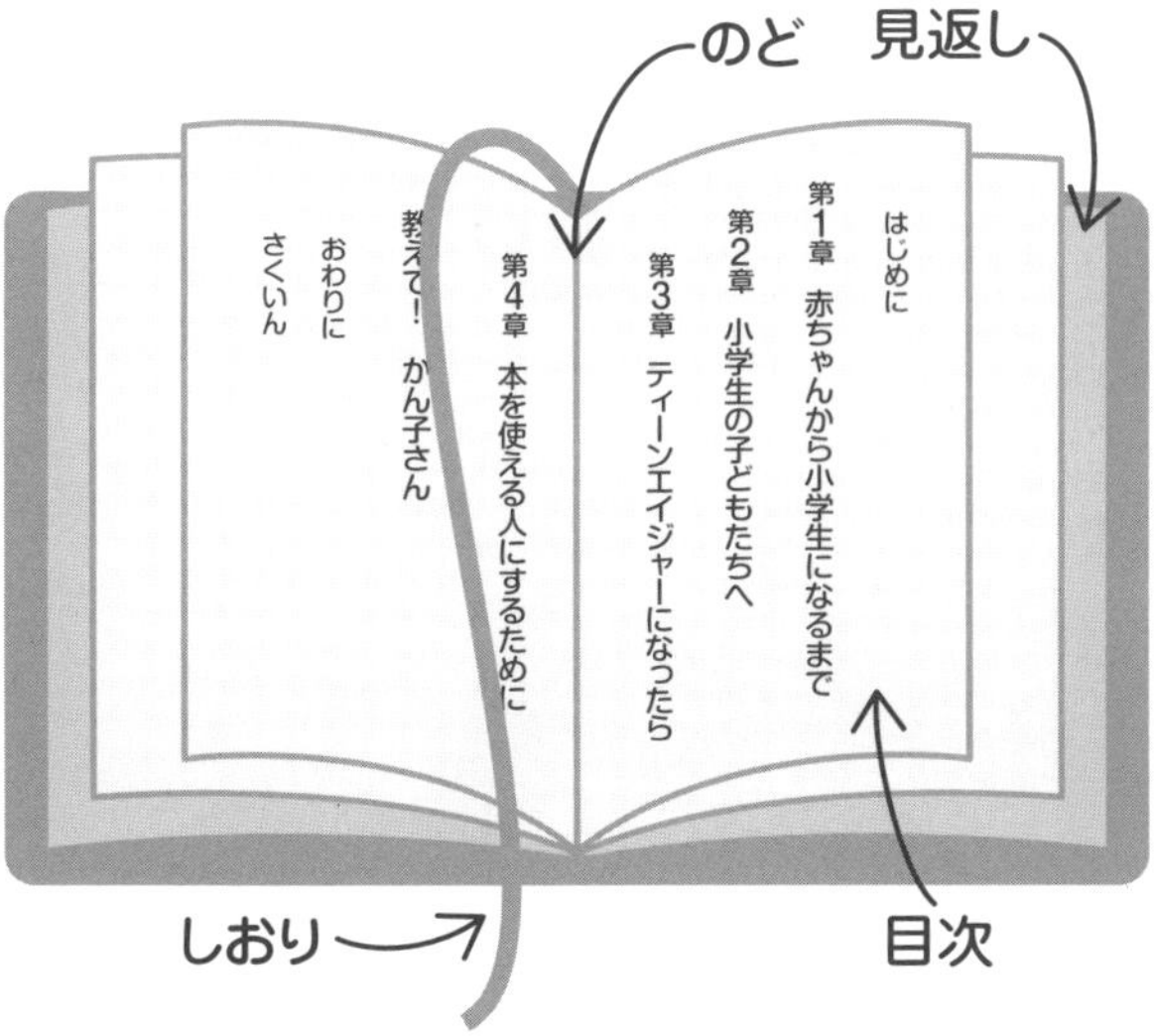

目次《もくじ》と索引《さくいん》を〝使う〟

小説は、一ページ目から順番に読んでいきます。

ですから、小説を使う場合は、トリセツはたいしていりません。

（読み方の解説は必要ですが。これについてはＰ109を見てね）。

でも、リアル系の本は必要なところだけを使うものです。

たとえば「地図」は、メインが地図ですから、この市がどこにあるか知りたい、というときには本文からではわかりません。

〝**目次**〟を見るか、後ろの〝**索引**〟を引かないと見つけられない、ということになります。

全部読まなくても探したい情報だけを見つけられるシステムが目次と索引です。

たいていのかたが〝**表紙**〟を見て〝**題名**〟を見て、この本は自分が知りたいことが書いてありそうかどうか、考えるものです。子どもたちが本を選ぶときには特に表紙のデザインや、イラストで決めることが多いようです。

物語はそれで決められますが、図鑑などのような知識の本はもう一歩表紙をあけて、〝**目次**〟を見ます。

目次には、その本に何が書いてあるのか、を初めのほうから順番にまとめそれが書いてあるページ数を教えてくれます。

小説には〝**索引**〟がありませんので、日本では大学生でも下手すると索引を知らない人がいます。高校生にもなって、なぜできないの！といくら怒ってみたところで、できるようにはなりません。

もし、目次、と索引、を知っているかどうか聞いてみて、知らなかったら使い方を教えてください。一度聞けば簡単に使えますがそのシステムを自分で発見するのは至難のわざです。

本を使えるようになる、とは目次と索引を使えるようになることです。

〝奥付《おくづけ》〟ってなあに？

本の後ろのほうからページを
めくっていくと、
題名が書いてある場所があります。
そのページが本の〝奥付〟です。
奥付はその本に対して責任を
取らなくてはいけない人々や
会社の名前が書いてあります。
もし、その本に間違ったことが書かれていて、
だれかが不利益をこうむったとします。
不利益を受けた人が裁判所に訴えたら、
奥付に書いてある名前の人が被告人になるのです。

[筆者紹介]
赤木かん子
　児童文学評論家。……

書　名　子どもを本嫌いにしない本
初　版　2014年 6 月20日

著　者　赤木かん子
発行者　鈴木一行
発行所　大修館書店
デザイン　植田マナミ
イラスト　tupera tupera
印刷所　藤原印刷
製本所　司製本

いざ、というときに、責任を取ってくれる人の名前が書いてあるので
本は一応信用できる、ということになっているのです。
それと同じ理屈で、ネット情報は個人で使うのはいいけど
（もし万が一まちがっていたとき、ひどい目に合うのは本人だけですから）
ほかの人に教えちゃいけないよ、つまり、自分のレポートに
出典がわからない（ということは、奥付がないということですね）ネット情報は
使っちゃいけないよ、になるのです。
あ、奥付に名前をつけるのは、責めるためばかりじゃありません。
その本を世に出した名誉、は当然その名前の人になるのですから。

百科事典を使おう

リアル系の読書とは？

リアル系の本は、説明文です。使われている単語の意味がわかり、簡単な文法がわかれば、読めるようになります。

読めない理由の大半は、**使われている言葉がわからない**からです。

素粒子論について基本的な知識のない人がそういう本を読んだら

まず一行も読めないでしょう。

一行に五つもわからない単語があったら、読めたものじゃありません。

なので、まずは、意味のわからない言葉をなくすことが必要です。

（ですから、できるだけ小学生のうちに覚えてほしいわけです。Ｐ53を見てね）

百科事典を引いてみよう

そこで使うのが百科事典です。なぜなら、百科事典の一番初めの行には必ず〝**定義**〟（P36を見てね）が書いてあるからです。

国語の辞書でわかることばは、国語の辞書を引けばいいのですが現代の出来事は国語の辞書にはほぼ、でていません。

言葉を調べるのに、国語の辞書だけでは小学生でも足りないのです。

そうして、電子辞書は辞書ですから
もし間違っていたらその会社が責任を取ってくれます。

ネット版の百科事典も責任をとってくれます。

でも、ウィキペディアをはじめとする各種のネット上のサービスは間違っていたら、自分が責任をとらなくてはなりません。

この違いを理解しているかどうか、確認してください。

ネット情報は、自分のレポートに使えるものと、使えないものがあるのだ、ということを中学までに教えてもらった人と、そうでない人がいるのです。何を知っていて何を知らないかを確認し知っている知識をならしておく必要があります。

百科事典ってなあに？

百科事典を知らない子どもにとっては、まず百科事典とはなにか、というところから始めなくてはなりません。

1 百科事典とはなにか？
2 各部の名称
3 使い方（引き方）

この三つを大人が説明してあげる必要があるのです。

百科事典とは、

たくさんの　種類の　できごとの　ほん

百　科　事　典

たくさんのできごとが載っている本、です。
たいてい、何巻にもなる大部のもので、たくさんの巻が集まって一冊の本になっています。原則として、**五〇音順**で見出し語が並んでいます。

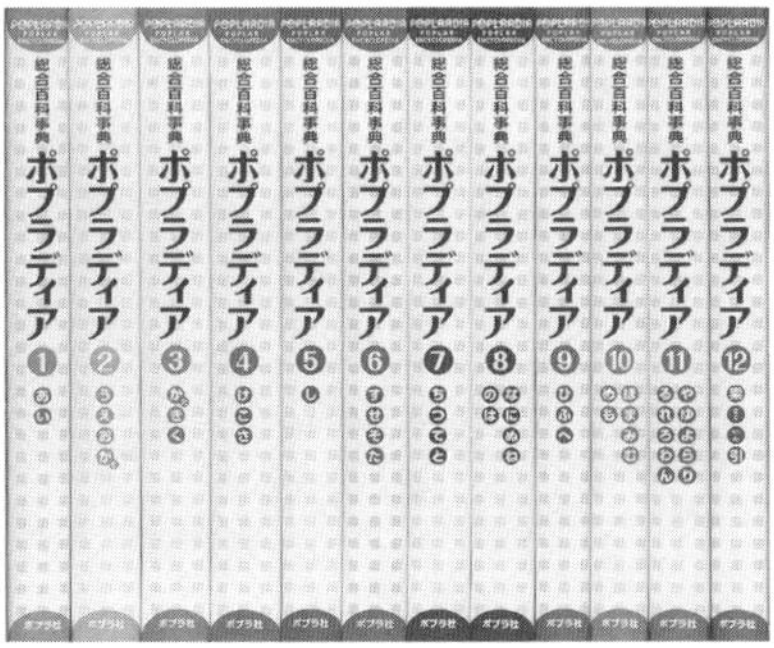

これ全部で一冊の本

百科事典の引き方

①本の背中（これを〝背〟といいます）を見て、自分が探している言葉が入っている巻を探します。

②その間の小口がわの〝ツメ〟を見て、自分が探している言葉がどのあたりにあるかを探します。

③開いて、〝ハシラ〟を見て、自分が探す言葉が載っているページを特定します。

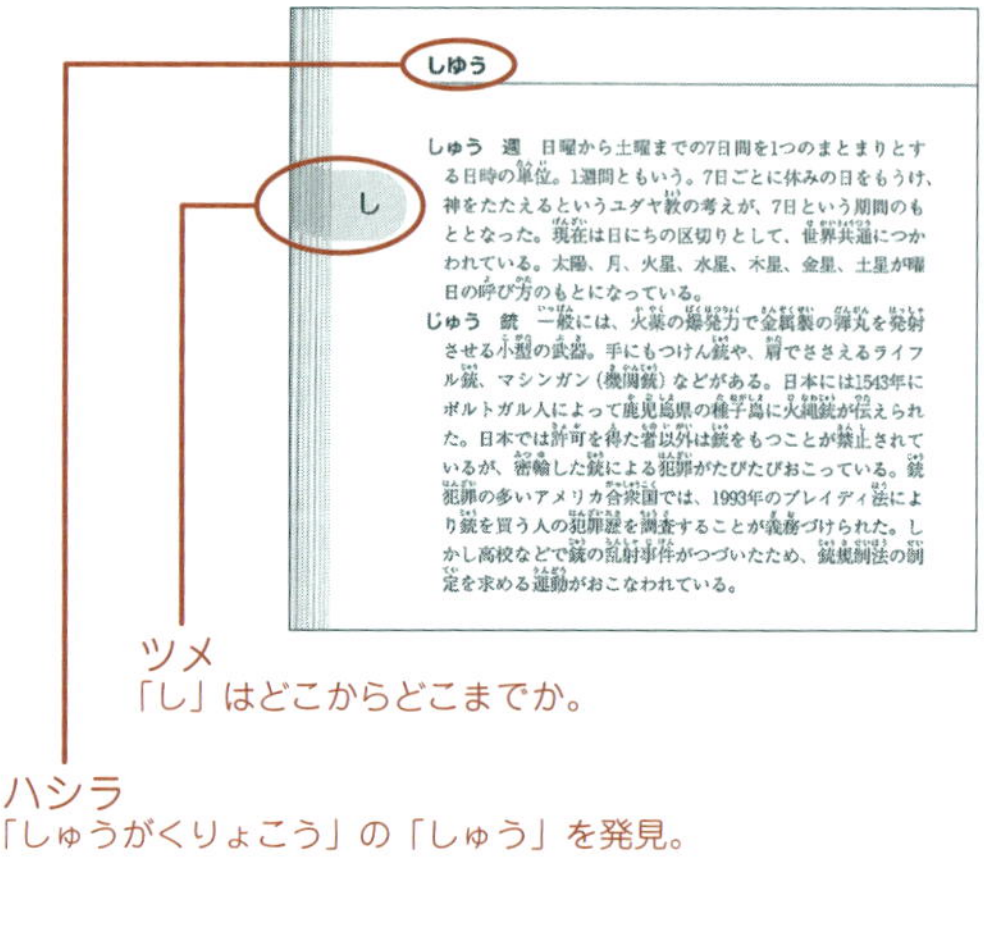

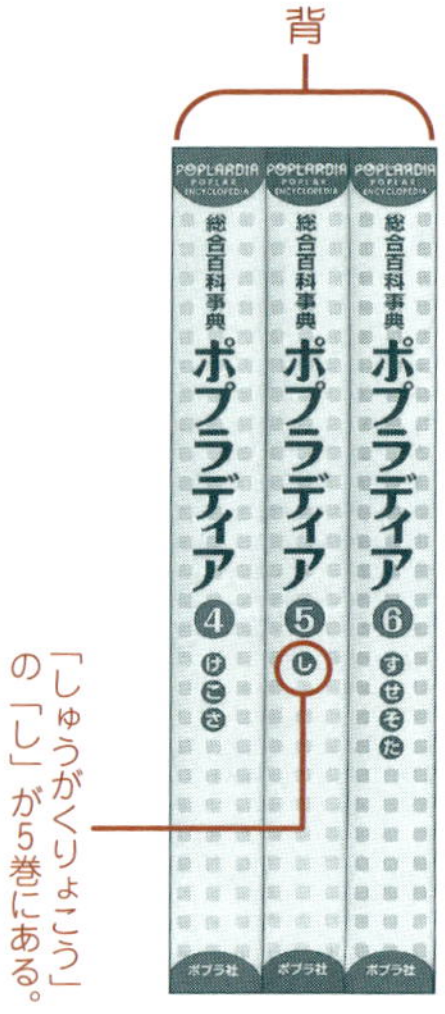

百科事典を〝読む〟

百科事典には、まず、見出し語があり、次の一文～二文に、その言葉の定義があります。そして、さらに詳しい解説が続きます。

百科事典が引けるようになれば、さまざまなリアル系の本が読めるようになります。専門用語を調べながら本を読むことができるからです。

わからないことばを調べて、わかるようになったら……とりあえず初級のリアル系の本は読めるようになります。

見出し語　定義　詳しい説明

しゅうがくりょこう　修学旅行　児童《じどう》・生徒《せいと》が集団《しゅうだん》でおこなう旅行。学校の正式行事として、宿泊《しゅくはく》をともない、教職員《きょうしょくいん》が引率《いんそつ》しておこなう。ふだん経験《けいけん》することのない遠隔地《えんかくち》の自然《しぜん》や文化などを見聞きし、また学習するのが目的《もくてき》である。最近《さいきん》では「移動教室《いどうきょうしつ》」の一つとしておこなう学校もある。

18世紀《せいき》後半に、ドイツではじまった徒歩《とほ》旅行をモデルに、日本では1886（明治《めいじ》19）年に、高等師範学校《こうとうしはんがっこう》がはじめておこなった。交通機関《きかん》が発達《はったつ》すると、鉄道を利用《りよう》する旅行にかわり、日本独特《どくとく》の学校行事となって、1900年代には全国的《ぜんこくてき》に大きく広まった。第《だい》二次《じ》世界大戦中《せかいたいせんちゅう》は中止されたが、戦後《せんご》の1950年代からふたたびおこなわれるようになった。

読書感想文の書き方

読書感想文がなぜ書けないか？

子どもを〝**本嫌いにする**〟もののひとつが、読書感想文ではないでしょうか。
なぜ嫌いになるのかというと、うまく書けないからです。
うまくできないことは嫌になるものです。
なぜ書けないのか？　それは簡単で、教わってないから……です。
得意なことは教わらなくてもある程度できますが
苦手なことは教わらなくてはできないものでしょう？
でも、〝**書き方**〟を知っていれば
読書感想文はそんなに難しいものじゃありません。

まずは文章を書くときの基礎

文章を書く基礎は、

〝だれが〟〝どうした〟です。

文章は、初めにこの二つを考えて、あと、必要なデータを足していけばできあがるのです。

ただ、小学生には、「これを〝主語〟〝述語〟といいます」ということも話しますが、高校生くらいになるといわないほうが、よいようです。

言語習得期の小学生にはそういう専門用語は難しくなく、逆にカッコよく感じてすぐ覚えられるのですが、だいぶ言語能力が落ちてきた高校生は専門用語を聞くだけで「難しそうだ、イヤだ」になることがあるのです。

高校生には、できるだけ、日常的な言葉で説明してください。

専門用語を使わずに……。

読書感想文の構成

〝文学を読んで感想を書かせる〟、その目的はなんだと思いますか？

本来的には、読書感想文は

①一冊の本を深く考察することによって自分の思考力を鍛え

②その作品を深く理解する

ことがねらいです。つまり論文の一形式なのですが、小中高の課題ではそこまでは求めないでしょう（それにはそれ用の練習が必要です）。

それ以前の目的は、おそらく、字数的に一二〇〇字程度の、筋の通った文章を書けるかどうかだと思います。

だれでもある程度の読書感想文を書けるやりかた、をお教えしましょう。

まず、原稿用紙を3行ごとに、かこんでおきます。

『ふしぎの森のミンピン』を読んで

○○小学校三年一組　山田花子

題と名前を書き、1行空けます。

わたしは、『ふしぎの森のミンピン』という本を読みました。おばあちゃんの家にとまったとき、ひまだったので本だなをながめていたら見つけた本です。表紙の絵がちょっとこわくて、何が書いてあるんだろうと気になって、読んでみたのです。

なぜその本を読んだのか、動機を書きます。

リトル・ビリーという男の子は、たいくつしていて、お母さんから入ってはいけないと言われていた、あやまちの森にやってきます。

お話の最初のところのあらすじ、お話の設定を書きます。（時代や主人公についてなど）

わたしはまっくらな森の中を歩く男の子の絵を見てとてもこわくなりました。でも森の中に何があるのか知りたくなりました。

自分の感想を書きます。

（以後、全体の2／3くらいまで、次の場面のあらすじ→自分の感想というパターンを何回かくりかえします。）

たまたま、私は図工の時間に大きな木が遊園地みたいになっていて、子どもたちが遊んでいる絵をかいたことがあります。
でも、この本のミンピンの部屋は、それよりもっとすてきで楽しそうで、ワクワクしました。こんな家でくらしたいと思いました。

自分の体験、自分の暮らしについて書きます。
（起承転結の「転」にあたります）

はじめはこわそうだと思って読み始めましたが、読んでいくと楽しい小人たちの部屋が出てきたり、白鳥に乗って空を飛んだりするところがおもしろくて、ワクワクしてくる本でした。絵がとてもきれいなのもよかったです。この本を書いた人はすごいと思いました。

まとめを書きます。
（書き出しの部分とのつながりを考えるとよいでしょう。）

このスタイルで、今までよりは形の整ったものが一応できるはずです。
これで、〝すばらしい感想文になる〟というわけではありませんが
ここまでできればOKという場合もあるし、とりあえず形になると
たいてい今まで書けなくて傷ついていた本人自身に感動してもらえます。
できると思うとやりたくなります。
たくさんやればコツがつかめてきて上手になります。
たくさんやるためには楽しくないとできません。
やりかたを教わって、やってみて、〝**できた！**〟という快感が必要です。
慣れないうちは三行ずつ赤でかこった原稿用紙を使ってもらうと
このくらいのことをいったら何行分になる
という字数の感覚がつかめるようになります。
字数制限のある小論文を書くときには、この感覚が必須です。

教えて！かん子さん

良書を与えても読み通せません

Question

推薦図書などから良書を選んで子供に与えるのですが、最初の数ページはめくっても、ほとんど読み通した形跡がありません。これでよいのでしょうか？（中学生）

Answer

えーと、なんでもそうなのですが、お子さんの性質によりますね（笑）。気にしないたちの子なら何とも思わないでしょうが、まだ本に慣れていない生真面目なお子さんだと、自分は本が読めないのだ、とか、好きじゃないのだ、と思ってしまうかもしれません。本に慣れているお子さんなら、これは本のほうが問題なのだ、と正しく判断するでしょうが……。大人だって、江戸時代の絵草紙なんかを読め、といわれたら、そうそうは読めますまい。特殊なかた以外は――。大人であれ子どもであれ、好きな本以外は、なかなか読めないものですよ。自分のほうが悪いんだ、と思ってしまいそうになったら、あ、悪かったね、といって、読めるものに替えてやってください。

レポートの書き方

簡単なレポートの形式

子どもに必要な文章の書きかたのもう一つのパターンが
〝**レポート（報告書）**〟です。
レポートには、〝**謎**〟（これがそのまま題名になります）と
〝**答え**〟が必要です。
ものすごく簡単なことですが、このことを理解していない人は案外多いのです。
ですから、そもそも謎がなかったり
謎と答えがあっていなかったりするレポートを出したりするのです。
謎、を意識するだけで、それはなくなります。

物事は、これ以上小さくできない
というところまでシンプルにするとできるようになるものです。
複雑なやり方を覚えたあとでもわからなくなったら
そこに戻ることが
できるようになるからです。

Ａ４一枚の、
初歩的なレポートを
書くためにはなにが必要か
を知っているかどうか
まずは押さえてください。

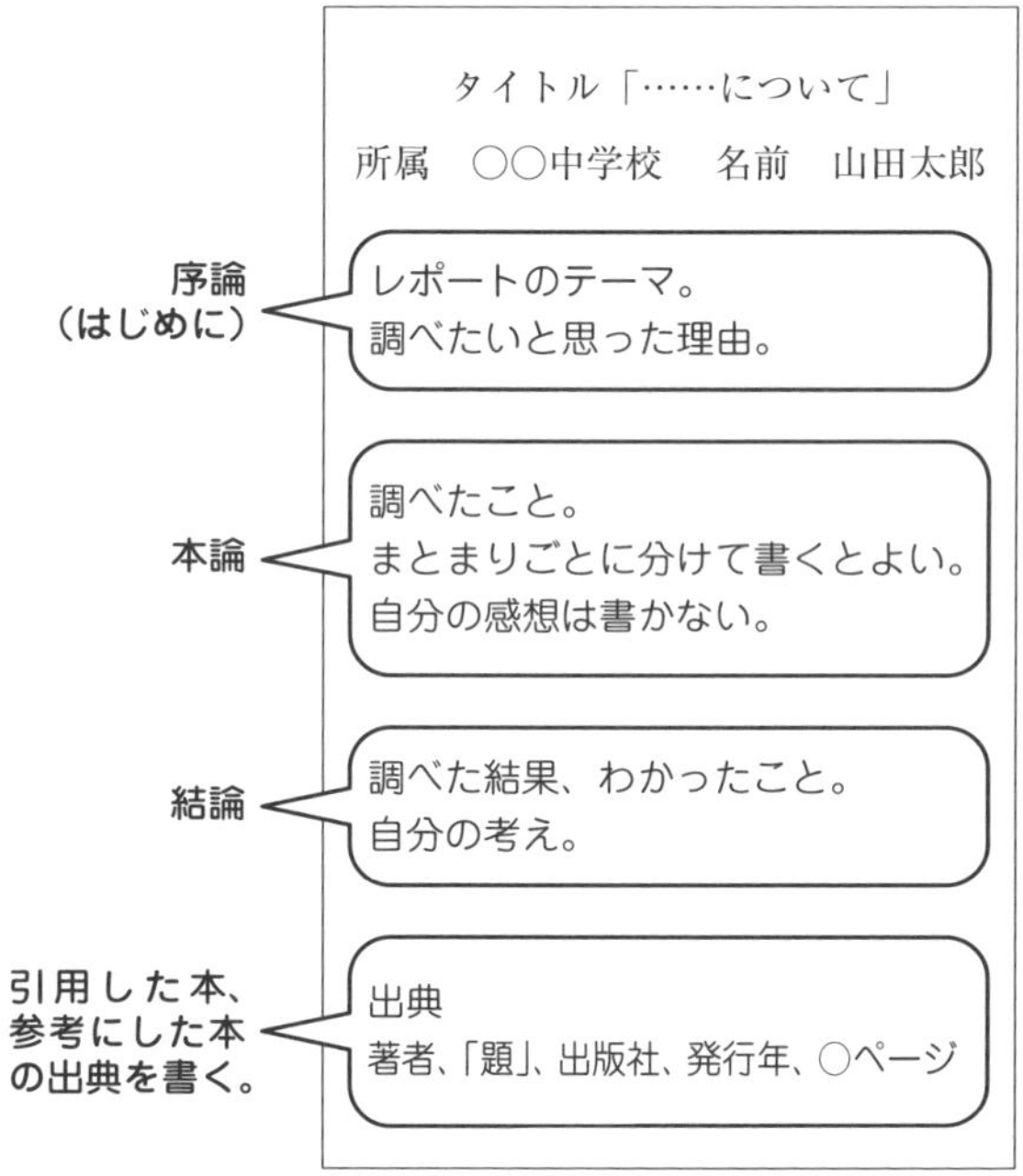
タイトル「……について」
所属　○○中学校　名前　山田太郎
序論（はじめに）
レポートのテーマ。
調べたいと思った理由。
本論
調べたこと。
まとまりごとに分けて書くとよい。
自分の感想は書かない。
結論
調べた結果、わかったこと。
自分の考え。
引用した本、参考にした本の出典を書く。
出典
著者、「題」、出版社、発行年、○ページ

テーマの決め方

次に、テーマのきめかたです。
一番簡単なテーマのきめかたは、キーワードを三段階でしぼっていき、謎《ミステリー》カードを使う方法です。

まず、思いついた一番大きなテーマを書く。
例：食べ物のことを調べようかな。

次に、食べ物では広すぎるので、
その中の何を取り上げるかを考える。
例：お菓子にしようかな。

さらに、お菓子の中の何にするか考える。
例：ショートケーキについて調べよう。

謎《ミステリー》カード

なに？　いつ？　どこで？

だれが？　なぜ？

どのように？　いくつ？

この中から一つ選んで、テーマを考えます。

例：ショートケーキはいつ生まれた？
　　ショートケーキはどこで生まれた？
　　なぜショートケーキというの？

この基本を知っておけば、あとは長さの問題です。どんなに長いレポートでも、基本の構成とテーマの決め方を知っておけば、書けます。

小説・物語の読み方

短編と長編は読み方が違う

生まれつき小説や物語が読める人は、誰だって物語なんて簡単に読めるものだ、と思いがちですが、そんなことはありません。

スポーツの苦手な人が、自分一人でうまくなるのは難しいでしょう？ でも上手に教えてもらえれば、そこそこはできるようになるものです。

同じように、小説の苦手な人は、放っておいたら読めるようにはなりません。でも、どうやって読むのか教えてもらい、やりかたがわかれば、そこそこはできるようになるでしょう。

また、短編と長編は読み方が真逆なので、別々のやり方が必要になります。

長編小説が苦手な理由

長編の物語が苦手な人が読みにくい一番の原因は、データが足りないからです。

えっ？　と思いますか？

あんなに長いのだからたっぷり書いてあるはずだ、と――。

小説の構成要素は四つです。

人物描写と風景描写と心理描写……それと、行動、です。

このうち、人物描写と風景描写は、どんなに細かく描いたとしても映画のように正確にはいきません。活字の小説は、ここんとこ、だいたいこんな感じね
くらいしか書けないのです。

つまり、あとはめいめい勝手に〝**想像**〟してね、ってことになるのですが
ここが問題。想像できない人は、まず、ここでつまずきます。

そうしてもう一つ、自分で想像することは、できないのではなく

不正確だから不愉快だ、と感じるグループもいるのです。

たとえば科学者です。科学者はものごとを正確に表現する訓練をします。

つまりその文章を読んだ人がなるべく同じことを考えるように書かなくてはならない、ので、みんな、めいめい勝手にイメージすればいいんだよ、といわれると、

「えっっっ？？？」になるのです。

小説が読めないからといって、感情がないわけではありません。同じ話が映画になったらわかります。映画では、人物と風景は誰が見ても同じ……

つまり〝**正確に**〟情報伝達されるでしょう？　そこに映ってますから。

その〝**風景**〟……たとえば後ろに海辺があって岩がそびえていて……

みたいなものを、正確に表現することは小説には無理なのです。

岩のかたちまで説明していられませんからね。

でもビジュアルは、正確に伝えます。

だから**そういう意味では**映画はわかりやすい、のです。

だからといって、科学者たちに想像力がないわけではありません。

なかったらどうやって目に見えないブラックホールを思いつけますか？

想像力がないのではなく、彼らのやりかたで読むには小説はデータが足りなすぎる、というだけなのです。

長編小説は飛ばしながら読む

ではどうすればいい？

〝飛ばす〟のです。

人物描写と風景描写が始まったら読まないで飛ばすのです。

もし必要になったら、あとでまた戻って読めばいい。本は逃げませんから。

科学者タイプの人は、このやり方を知らないのです。

科学の論文は、一語一語ゆるがせにしないで書いたり読んだりするからです。

論文に余分な単語はありません。

そうして小説が読める人は、無意識にこのやり方を知っているのです。

想像力が必要？

小説読むのに、いちいち、主人公の顔や服を想像してます？

そうやって楽しもうと思えばできますが、普通はそんなめんどくさいことはいちいちしていないはずです。そんなことしてたらたくさん読めない。

それに長丁場の小説は、途中でだれ場も作ります。

ずっと緊張させていたら人間は保ちませんから、ここは読まなくてもいいよ、みたいなところも作るのです。

長編を読むときのコツは、**いちいち想像しないこと**です。極端な話、

〝セリフ〟だけ追いかけていけばいいのです。文学鑑賞は次の段階で、まずは最後まで読めなければ話になりません。

〝だれが〟〝なにした〟

と**〝セリフ〟**だけ追いかけて、あとは、飛ばして読め、といってください。

わからないことがあってもいい

そしてもうひとつ、文章のなかに知らないことが出てきたら、それもふ〜ん、と思うくらいで飛ばします。

もちろん、調べたければ調べてもいいですよ。

でもそんなことをしていたら、その物語の、それから？　どうなるのどうなるの？　と読んでいる楽しみは薄くなってしまいます。

文章を読む楽しみの一つは、ある本で読んでわからなかったことが、ほかの本を読んだ時に「ああっ、そうだったのか！」とドッキングすることです。

すると、前にわからなかったことが、「なるほど〜」と解けたりするわけです。

一冊の本をその時に完璧に理解できなくてもいいのです。

調べるのなら、読み終わったあとにしましょう。

読んでいる時は……読み飛ばしてください。

短編小説の読み方

短編は、書いてあることから推理して、書いてないことを引っぱりださなくてはいけないので少々厄介です。

ですから短編は長編と違い、読み飛ばしてはいけません。

なので、短編を読むにはかなりの訓練が必要です。

つまり、長編より、短編のほうが分量は短いですが、難しいのです。

> 月曜日の朝、九時五分すぎ。シュミット先生が書きとりの問題を読みあげている。全員出席、ではない。ひとり欠席だ。ニーナのとなりの席があいている。きょうはカガンがきていない。
> 「動物園（Zoo）でキリンが首をのばす！」とシュミット先生が読む。動物園のつづりはoが一つだったか二つだったか？　ニーナは左手の親指のつめをかむ。

横を見る。でものぞけない。となりにはだれもいない。

カガンはトルコ人の子なのに、書きとりがとてもよくできる。カガンは三年前、西ドイツに仕事を見つけたお父さんとおじいさんにつれられて、イスタンブールからやってきた。イスタンブールはトルコの大都会だ。三週間前、お母さんと妹たちもあとを追ってきた。

（ウルズラ・フックス作『おじいさんのマフラー』（「うーむとシュミット先生がうなる」より）

この短い文章から、
・カガンはおそらく6歳か7歳（明記されていないが、クラスの女の子がZOO（動物園）というスペルが書けなくて苦しんでいるから。）
・三年前ということは、3歳か4歳でお母さんと別れてドイツに来たんだ！

おじいさんのマフラー
小さな心のスケッチ
ウルズラ・フックス作
かんざきいわお訳
さ・え・ら書房

・お父さんもおじさんも忙しかっただろうし、保育園も行ってないかも。
・それなのに書きとりがとてもよくできるんだ！

と読んでいくのが、短編の読みかたです。ふう。

〝**読解**〟というのは読んで字のごとく、内容を読み解く、ということです。ですから、簡単なものから始まって……という読解練習のしかた、みたいな解説本が必要なのですが、今現在、短編が読めない、という子どもにすすめられる本は、ちょっと思いあたりません。

とりあえずおすすめできるのは、**『花もて語れ』**（片山ユキヲ、小学館）というコミックです。これは、朗読がテーマなので、短編をどのように解釈していくか、こと細かに解説してあります。（朗読するには、解釈の上に、その解釈を声で表現する、というもう一つの能力が必要になるわけですが）。でもこれはかなり難しいので、大人が読んで、エッセンスを伝えるのでもいいでしょう。

サイズを考えながら読む

情報を引っ張り出す初歩のやり方のひとつに
サイズを考える、というものもあります。
たとえば宮沢賢治の「やまなし」で、かにのこどもらは何センチなのか？
この川は何センチの深さなのか？　と考えていくやりかたです。
かにの大きさを一センチ、川を30センチの深さ、とすると
人間のこどもにしたらこのかにには7歳くらいだから120センチ……
としよう……。そうすると川は、36メートル！　にもなります。
120センチの子どもが、36メートル上の水面を見上げているのです。
うわぁっ……。
というくらい、深いでしょう？
この川の深さは本文には書いてありません。ですから、読み手が決めなくてはい

けないのです。話を読んでいって、途中で「あれっ？　違った！」と思ったら設定をやり直せばいいだけのことです。

サイズだけではなく、短編は主人公の顔立ちも性格も話の季節やその他も書いてないことは書いてあることから類推して

読み手が決めていかなくてはならないのです。

アニメーションの監督になったと思ってください。

部屋の大きさ、家具、主人公の顔立ち、何を着ているのか（裸ではだせません）ということは、季節はいつなのか、そういう細かいことを決めなければビジュアル化はできません。

そうやって考えていく途中で、思いもかけなかった解釈にぶつかりえっ？　この話ってこういう話だったの?? という〝**発見**〟があったりするので

読解はおもしろいのです。

書体が古い本は選ばない

日本の文化の特徴の一つは、美しいもの、きれいなものが好きで敏感だ、ということです。

でもきれいなものがわかるってことは、きれいじゃないものもわかる……ということは、きれいじゃないものにも敏感に反応してしまうってことでもあります。

つまり、きれいじゃないものはイヤだってことですね。

本屋さんで、積んであるコミックや雑誌の2冊目を抜いて買っていくのは……日本だけですよ。

折れたり、ちょっと汚れていたりするだけでイヤだと思う……。

この美意識が、書道のかなの散らし書きや、優良な工業製品を生み出したわけですが、その反面、内容と書体デザインが合ってないとイヤ、とか書体デザインが古いと文章のなかに入れない、とかということにもなるのです。ビジュアルセンスが良すぎるんですよね。

なので、書体デザインが古い本は読みにくくなります。

子どもだけでなく、公共図書館で新旧同じ本を並べておいたら七〇代のかたでも、書体が新しいほうを借りていかれます。

日本は一九九〇年代に、活版印刷からデジタル印刷に切り替えました。

デジタルは活版よりも美しくデザインできます。

なので、大人のかたでもかなり頑張らないと
今では活版の本を読むのは難しくなりました。

それは、たとえば一度ブルーレイを見ちゃったのにビデオにもどれ、というようなものです。美しいものに眼が慣れるのは一瞬です。

大人だって今さらビデオに戻るのは難しい……。

ましてや、子どもは見たことがないのです。

なので、いまの学校図書館ではとりあえず、一九九五年くらいから前の本は基本的に使えないのです。

学校図書館には、芥川や、夏目漱石、司馬遼太郎、etc.

必要だと思うのでしたら新しい書体デザインの本に買い換えてください。

でないと読めません。

親が子どもに買ってあげる場合も、同様です。

マンガや映画を読み取る力

活字は想像力を育てるからいい、マンガや映画はダメだ、という意見を聞いたときには本当にびっくり仰天しました。

そんなことがあるわけないじゃないですか！

確かにマンガや映画などのビジュアルは、風景描写と人物描写に関しては、全員だいたい同じデータを受け取ることができます。

でも、それだけの話ですよ？

日本では、ビジュアルを正確に、あるいは深く読み取る能力、というのは必要だと思われていない、というか、あることすら気がついてもらえていないのかもしれません。

絵画、を読み解く力だって重要だと思われてないようですから。
マンガや映画は考えなくてもいいから駄目だ
なんてことがあるわけないじゃないですか！
確かに画面はぼーっとしてても流れていくでしょう。
でもそれは**見た！**　ということになりますか？
見えるからといって**理解した**にはなりません。
同じものを見ていても、読み取る力があれば、その作品が意図したとおりに
ときにはそれ以上に深く読み取ることもできるし、そうやって
深く作られているものは数限りなくあるのです。
優れたマンガも、優れた映画も、優れた絵画も……。
文字を読み取る能力と、ビジュアルを読み取る能力は全く別のものです。
同じスポーツだけど、100メートル走とバスケットくらい、違います。
基本的な身体能力は必要だ、ということはもちろんあります。

あるスポーツが上手な人は、ほかのスポーツもそこそこできるでしょう。
でも100メートル走をしていた選手が、バスケットボールに転向したら……。
必要な才能だって、練習方法だって、違うでしょう。
どっちが上だ、下だ、というものではありません。
文字を読み取る能力があるからといって、ビジュアルを読む力のない人が
マンガや映画なんて……というのは、いかがなものか……。
画家に「想像力がない!」とはいわないでしょう?
日本は一般大衆が絵画展に毎回行列するほど、美術の好きな国です。
きれいなもの、美しいものが好きで、平安時代の昔から、物語にすぐにイラスト
をつけて、絵巻物を作ったくらい(しかもカラーで!)ビジュアルセンスに優れ
ている国です。
いったい、日本はいつから**ビジュアルを読み取る力**、を尊敬せず、育てなく
なってしまったのでしょうか?

おわりに

ご自分のお子さんに、賢く、豊かな心の子どもになってもらいたい、
そのために本を好きになってもらいたい、
と願わない親ごさんはいないでしょう。
でも、〝はじめに〟で書いたように、子どもは生まれつき本は好き……。
この本では、そのまま本好きでいつづけてもらうために
どうすればいいかを中心に書きました。
子どもたちが幸福に暮らせますように——。
そうして、本がその幸福のお手伝いをできますように——。

さくいん

キーワード

本書で紹介した本

[筆者紹介]

赤木かん子（あかぎ　かんこ）

児童文学評論家。長野県松本市生まれ、千葉育ち。法政大学英文学科卒業。1984年に、子どもの頃に読んでタイトルや作者名を忘れてしまった本を探し出す「本の探偵」として本の世界にデビュー。子どもの本や文化の研究、紹介をしていたが、最近は図書館の改装と子どもに調べ学習を解説することにはまっている。最近の著書に『今こそ読みたい児童文学100』（筑摩書房）『絵本・子どもの本　総解説　第７版』『お父さんが教える図書館のつかいかた』『お父さんが教える作文のかきかた』（自由国民社）『きれいですごい鳥』『きれいですごい魚』（パイインターナショナル）調べ学習紙芝居シリーズ『報告書のかきかた』（埼玉福祉会）など多数。

子《こ》どもを本嫌《ほんぎら》いにしない本《ほん》

NDC376 ／ 127p ／ 21cm

初版第１刷——2014年６月20日
第３刷——2019年９月１日

著者——赤木《あかぎ》かん子
発行者——鈴木一行
発行所——株式会社 大修館書店
〒113-8541 東京都文京区湯島2-1-1
電話03-3868-2651（販売部） 03-3868-2291（編集部）
振替00190-7-40504
[出版情報] https://www.taishukan.co.jp

イラスト——tupera tupera
デザイン——植田マナミ
印刷所——藤原印刷
製本所——牧製本

ISBN978-4-469-22237-1　Printed in Japan